博愛
ホワイト学級づくり
正攻法で理想に向かう！クラス担任術

俵原 正仁 著

明治図書

はじめに

あなたは、白からどんなイメージを連想しますか？
軽い、軽薄、冷淡、空虚、味気ない
というようなマイナスイメージもありますが、どちらかといえば、
博愛、潔癖、平和、祝福、勝利、威厳、可能性、純粋、神聖、正義、清潔、清純、無、無限、無垢、明るい、透明感……
など、プラスイメージの方がたくさん思い浮かびますよね。
風水的には、白は幸せを包み込んで育ててくれる力を持っていて、人間関係を改善するパワーもあるそうです。なんかいいことばっかりですね。

正攻法で理想に向かって進んでいく。

白色に関して、私にはそのようなイメージがあります。
では、学級づくりにおいて、「正攻法で理想に向かって進んでいく」とは、どのような

ことでしょうか？


クラスの子どもたちのことを一人残らず好きであること。

優しい教師であること。

面白い授業をすること。

そして、子どもたちの力を伸ばすということ。


こんな感じでしょうか。

「そんなん全部理想やん！　できたら苦労せぇへんわ。」

おっしゃるとおり。確かに、優等生的で模範解答的な答えです。

でも、あなたはどうして教師になろうと思ったのですか？

多くの人が、「子どもが好きだから」というまっすぐな思いから教師を目指したのではないでしょうか。そんな初心の頃の真っ白な気持ちを忘れないでいる人、忘れたくない人は、もうしばらく本書にお付き合いください。

ハッピーエンドが、あなたを待っています。

もくじ

第1章 「教室の中心で愛を叫ぶ」教師の創り方

第2章　光を与える学級づくり・ホワイトマジック（白魔術）

第3章 子どもを魅了する授業づくり・ホワイトプラン

エピローグ　世界はそれを愛と呼ぶんだぜ

プロローグ

教室の中心で愛を叫ぶ

クラスの子どもたちはこんなにもかわいい！
愛しい子どもたちと理想のクラスを創ることが
教師の幸せになる！

子どもは純粋無垢に信じるものだ！

「ねぇ、先生、サンタさんっているよね？」

12月のある日の朝、夏菜子さんが話しかけてきました。

「お兄ちゃんが、サンタなんていないるわけないだろ……って。」

私の答えを待つこともなく、彼女は話を続けます。

「えっ、夏菜子って、2年生にもなってまだサンタ信じているの？」

そばにいたやんちゃな男の子アキラくんが話に入ってきます。

夏菜子さんの表情が少し暗くなりました。

でも、そこに別の男の子から助け舟が。

「いるで。俺、1年の時、見たもん。」

「ウソや。それ、お父さんとちゃうの？」

「いや、ちゃんとサンタの赤い服やった。」

「じゃあ、やっぱりサンタさんっているんだね。」

夏菜子さんの表情が明るくなりました。

「でも、私はクリスマスプレゼント、ママに買ってもらったよ。」

夏菜子ちゃんと仲良しのしおりちゃんも口をはさみます。

「ほらな。うちもそうやで。」

分が悪くなりそうだったアキラくんが盛り返します。

「なんか、寒い国にいるってテレビで見たことがある。」

「あっ、それ知ってる。」

最近の2年生は、物知りです。

「サンタって、絵本だけのお話だよ。」

もちろん、決着は尽きません。一気に教室が騒然とし始めます。

で、最後に、この子たちはキラキラ輝く瞳で私を見つめてこう尋ねます。

「先生、サンタさんっているんですか？」

12月になると、低学年の多くの教室で話題になるこの難題。

あなたならどう答えますか?

ウインクしながら、こう言いますか?

「大人になればあなたもわかる。そのうちに……。」


……と、まぁ、難題に対する模範解答は各自考えていただくとして、2年生だけでなく6年生あたりでも、「なんか怪しいなぁ」と思いつつも、サンタの存在を信じている子はクラスの中に何人かいます。

「サンタさんはいる」と本気で、サンタの存在を信じている子。

「いてほしいな」と心のどこかで思いつつも、サンタの存在を否定する子。

どちらの子もめっちゃ可愛いと思いませんか。

純粋無垢。

そうなんです。

小学校の子どもたちって真っ白な心を持っているのです。

子どもは真っ白な心で「ごめん」と言えちゃう！

話は何もサンタさんだけではありません。

小学校の世界では、このような光景もよく見かけますよね。

ちょっとまとまった時間が取れる業間の休み時間。

1年生の担任が職員室で次の授業の準備をしていると、女の子3人が息を切らしてやってきてこう言いました。

「先生、アキラくんと健一くんがけんかしています。」

慌てて教室に戻ると、泣きながら取っ組み合いのけんかをしている2人。

まずは、間に入り、2人の話を聞きます。

どうやら、健一くんのことをよく思っていなかったアキラくんが健一くんに嫌なことを言ったのが発端でした。そのことに対して、腹を立てた健一くんがアキラくんに殴りかかったようです。

健一くんに殴られたところが痛かったのでしょう。話を聞いている間もアキラくんはずっと泣きじゃくっています。

2人の言い分を聞いて、その気持ちを受け取った後、こう尋ねます。

「で、健一くん、こういう時、どうしたらいい?」

「あやまる……。」

「そうだね。嫌なこと言われて腹が立ったのはわかるけど、なぐったのはよくなかったよね。最初は、健一くんから謝ろう。」

「ごめんね。」

それに対して、アキラくんはこう言います。

「うん、いいよ。ぼくも嫌なこと言って、ごめんね。」

「うん、いいよ。」

これで、お互い納得。お昼休みには仲よく遊ぶ姿を見せてくれます。

でも、これって、大人の世界ではありえないですよね。

「ごめんですんだら警察はいらんわ！」

関西のおかんはよく言っています。

教師になりたての頃、つまり、大学というほぼ大人の世界から、小学校の世界に久々に帰ってきた頃、私も最初はこの光景にびっくりしました。

「えっ、そんなに簡単に許していいの？　けっこう強く殴られたんでしょ。痛いって、ずっと泣いてたやん」

と心の中で思っていたものです。

でも、これって、子どもの世界ではありです。

「相手が悪いと思って謝ってきたら、許す。」

当たり前といえば当たり前のことです。

大人でも、そうすることが正しいということはわかっています。でも、大人にはなかなかできるものではありません。

まさに理想の世界。真っ白な心を持っているからこそできることなんです。

子どもの理想郷を創るのだ！

サンタさんの存在が許される世界。

相手が反省して謝ったら、そのことを素直に受け入れる世界。

どちらもリアルな大人の世界ではありえないことです。リアルな世界とは対極の世界です。つまり、大げさに言えば、小学校の世界は、

ファンタジーの世界

と言うことができるのです。

まさしく「理想郷」です。

だからこそ、理想的なこと、きれいごとも子どもたちの中にスッと入っていきます。

交通安全教室で婦警さんから、「信号を渡る時は、右見て左見てまたもう一度右を見て、右手をあげて渡るんですよ」と教えてもらった1年生が、一緒にお買い物に行ったお母さんにそのことを一生懸命教えている姿を見かけたことがあります。

「お母さん、ちゃんと、右、左、右って見ないといけないんだよ。」

これはこれで微笑ましい光景なのですが、リアルな世界を生きている大人である教師は、きれいごと……理想を語ることについて、自分ができていないからだとか、そうはいっても社会に出たらそうでないからなどという理由で、つい躊躇してしまうことがあります。

でも、それではいけないのです。

「『いじめはいけない』ということは理想だけど、大人の世界にもいじめはある。だから、クラスにいじめがあっても仕方ない」

と考える教師はいませんよね。

そういうことです。

それに、真っ白な心を持っているこの時期の子どもたちに、理想を語らなくていつ語ればいいというのでしょうか。

いつも笑顔でいよう。
一生懸命はカッコイイ。
努力は報われる。
正直者は馬鹿を見ない。
ダメなものはダメ。
友だちに優しくしよう。
がんばる過程が大切だ。
自分の幸せを感じ取ろう。
そうじをがんばろう。
先生の話、友だちの話は、しっかりと聞こう。

でも、ただ語るだけでは不十分です。
理想の世界をクラスに創っていく手立てが教師は必要になってきます。
ちなみに、学級崩壊というのは、この理想の世界が崩れた状態を言います。

夢を語る子をバカにする。
自分と考えの違うものを排除する。
「ごめんね」と反省する子を許せない。
一生懸命がんばることをカッコ悪いと思う。

こんなクラス、創りたくありませんよね。
でも、教師ががんばれば、理想の世界を創ることができるのです。
そう、純白で輝いた世界。
それをできるのは、真っ白な心を持った子どもではありません。
教師であるあなたしかいないのです。
胸を張って、堂々と理想の世界を創っていきましょう。

子どもが大好き！　教室の中心で愛を叫ぶ

ところで、あなたは、どうして教師になろうと思ったのですか？

まさか、「奨学金を返さなくていいから」と言うようなちょっぴりブラックな理由じゃないですよね。

多くの人が、「子どもが好きだから」というまっすぐな思いから教師を目指したのではないでしょうか。そんな初心の頃の真っ白な気持ちを大切にしてください。

で、今の思いはどうですか？

クラスの子どもたちのことを愛してますか？

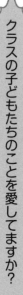

今でも初任の頃にもっていた「子どもが好き」というまっすぐな思いをちゃんと持ち続けていますか。

私ですか?

はい、持ってます（キリッ）。

人生半世紀以上生きていると、こういうこっぱずかしいことも臆面なく言えるようになるものです。

でも、「愛と技術どっちが大切か?」と問われれば、「愛」と即答します。

でも、「愛が大切」と臆面もなく言うことに抵抗があることもわかります。一見、愛0%技術100%のブラックジャックのようなプロの仕事師に憧れることもわかります。

ただ、小学校の教師ですから、わかりやすさも大切です。

となると、やっぱり子どもへの愛にあふれた

子どものことが大好きで優しい教師

というのが王道であり、理想の教師像になりますよね。そして、すべての子どもが居心地のいい理想のクラスを創るため、理想の教師になることを目指しましょう。

教室の中心で愛を叫ぶのです。

で、人生半世紀の私にこんなこと言われると、「そうかな。いや、そうだな」と思いつつも、「そんなこと言われてもクラスの中にはどうしても好きになれない子がいるんですよね」と反論したくなる気持ちが湧いてくる人もいるでしょう。

わかります。

「すべての人を愛しましょう。」

そんな聖人君子的なこと、普通はできません。

でも、それをするのが教師なんです。

私の尊敬する先輩でもあり、友人でもあるスーパー保育士原坂一郎さんは、私との共著（『1年生が絶対こっちを向く指導！』学陽書房）の中で、次のような話をしています。

4月当初に気をつけていることは、「1週間以内に全員を大好きになる」ということです。全員というのがポイントです。一人でもぬけるとうまくいきません。

スーパー保育士と言われている原坂さんですら、意識して子どものことを好きになろうとしているのです。

だから、凡人の我々が何の意識もせずに、クラスの子ども全員を好きになれるはずがないのです。それが当たり前です。教師という立場ではなく、1人の子どもとして、もし自分がこのクラスにいたら、「絶対あの子とは友だちにはなっていないやろな」というようなタイプの合わない子は1人や2人クラスの中にいるものです。

実際、原坂さんですら、1週間でクリアできなかったこともあるようです。

もう少し引用を続けます。


ある年は、9月までかかったことがあったのですが、最後の1人を運動会前に大好きになれ、それ以降のクラス運営がとてもうまくいきました。


なんと全員を大好きになるまで、5か月以上の歳月をかけているのです。

普通、あと1人ぐらいならあきらめてしまいそうです。

でも、原坂さんは、最後の1人を切り捨てませんでした。

プロとしての凄味と覚悟を感じます。

原坂さんですら、これだけの時間をかけることもあるのですから、若い先生方が4月の最初からできなくてもいいんです。自分はダメだと思う必要もありません。ただ、

何が何でも、子どもたち全員を好きになろう

という覚悟だけはもってください。

時間をかければいつかできるようになります。

いきなり10のことはできなくても、がんばれば1のことはできるようになるはずです。いや、1までいかなくても、0.5でも、0.1でもいいのです。一生懸命努力すれば、ほんの小さな進歩は必ずあります。後は、その0.1を100回繰り返せばいいだけです。

第1章

「教室の中心で愛を叫ぶ」教師の創り方

クラスの子どもたちを１人残らず愛してやまない！理想の教師になるには？
教師のための「純白な心」の処方箋お出しします。

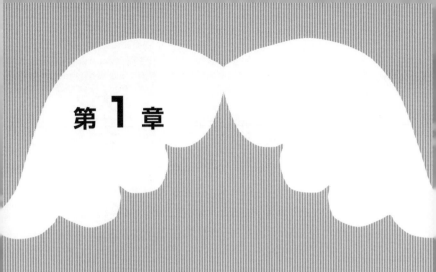

大丈夫。未来はあなたの手の中に

理想の教師はわかるけど、自分には無理。
子どものことは好きだけど、優しい教師にはなれそうにない。
笑顔も苦手だし、すぐに怒ってしまうし……。
自分は、理想の教師ってキャラじゃない。

大丈夫です。
自分のキャラは変えることができます。というのも、あなたのキャラを決めているのは、周りの人たちではなく、他ならぬ自分自身だからです。周りの人たちは、あなたがなろうと決めたキャラの結果を見ているだけなのです。

私の師匠、有田和正先生もこう言っています。

性格でも、自分の努力で変えることができる。わたしは、子どもからネクラだと指摘され、努力して明るくなった。やろうと思えばできる。

（有田和正著『学級づくりと教師のパフォーマンス術』明治図書）

あの授業の名人であり、ユーモア教育の提唱者でもある有田先生ですら、若かりし頃、自分のキャラを変えようと努力していたのです。毎朝、鏡の前で笑顔の練習をしていたというエピソードを聞いて、若かりし私も真似をしたものです。

あきらめてはいけません。

玉井詩織（アイドル「ももいろクローバーZ」のメンバー♥）の好きな言葉に次のようなものがあります。

未来と自分は変えることができる。

（Quickjapan107号より）

私もこの言葉が大好きです。

砂糖菓子より、あなたの優しさを

さて、いよいよ「子どものことが大好きで優しい教師」への第1歩を踏み出すわけですが、その前に押さえておきたいことが1つあります。

それは、「優しさ」の定義です。

「好きな異性のタイプは?」というアンケートの上位には、多くの場合、「優しい人」という項目があがってきます。でも、そこでいう「優しい」は、「自分だけに優しい人」とか「自分の言うことを聞いてくれる人」という意味が含まれていることが多いようです(笑)。

自分を甘やかせてくれる人

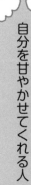

そりゃ、いいですよね。

このように、「優しい」と「甘い」が同義語にされることもよくあります。

ただ、それは大間違い。

「優しい＝甘い」ではありません。

子どもたちは「優しい教師」が大好きです。

でも、それは「甘い教師が大好き」という意味ではありません。

「甘い教師」は、子どもたちに嫌われるのが嫌だからと、指導のしどころで指導をすることがありません。その結果、クラスは無法地帯になり、子どもたちから反発されることになります。子どもたちは、そんな教師を求めていません。

保護者も同じです。学級崩壊につながるような「甘い教師」ならば、むしろ「厳しい教師」を求めます。「甘い教師」では、ダメなのです。

「優しさ」と「甘さ」を混同させてはいけません。

好きだから、優しい

気になる人がいるとします。

その人に対して、小学生男子ならともかく、大の大人ならいじわるなんてしませんよね。

細心の注意を払って、相手が嫌だなぁと感じることはしないはずです。

メールの返信の一文、いや一字まで気を使う人もいるでしょう。

普段から優しい人は、さらに優しく、普段はクールな人でも、その人に対しては優しい一面を見せると思います。

そう、誰でも、自分が好きな人に対しては優しくなれるのです。

プロローグでも紹介した原坂さん（スーパー保育士）と呑んでいた時、次のような話をされたことがあります。

「子どものことをキャンキャン叱っている保育士さんを見ることがあるんだけど、この人、口では子どものこと大好きって言っていても、それ、本当かなぁ……って思ってしまうよね。本当に好きなら、そんな口調で叱れるはずないからね。」

全く同感です。

いくら指導という大義名分があるにせよ、何でもありでは困ります。

「いや、この厳しさこそ、愛ある指導だ。」

説得力がありません。

だって、好きな人（または尊敬している人）には、そんなことできないはずですから。

好きな人には優しくなる。

これは、絶対的真理です。

では、優しくなるにはどうすればいいか。

順序を逆にすればいいのです。

好きになることで優しくなれる。

だからこそ、クラスの子どもたちを好きにならなければいけないのです。

それも1人残らず。


ただし、1つ気をつけなければいけないことがあります。

子どもたちから好かれようと思わない

ということです。好きになった見返りを求めてはいけないのです。

無償の愛……と言えば、カッコつけすぎな感じもしますが、「好かれよう」と思いすぎると、「優しさ」よりも「甘さ」が出てくるからです。

嫌われたくない……という思いが強くなり、どうしても子どもたちに対して、遠慮が出てきます。そして、その教師の甘さが子どもたちにも伝わります。

繰り返しになりますが、「優しさ」と「甘さ」は違うのです。

それに、「好意の返報性」というものもあります。

こちらが相手に好意を持っていると、相手も気に入ってくれる可能性が高まるという心理法則です。

もちろん100％ではありません。

あくまでも「可能性」が高まるという話です。

もともと小学生の子どもたちは、自分のクラスの担任のことを大好きな傾向が強いです。

低学年はその傾向がさらに強くなり、斜に構えた高学年でも本当は好きになりたいというオーラが出ています。

だから、「好かれよう」として無理して優しくする必要はないのです。

まずは、教師が子どもたちを好きになる。

好きになれば、自然に優しくなれる。

それで、十分です。

1粒の笑顔×20の優しさ

あるセミナーで次のようなお題を出したことがあります。

「優しい先生を描いてください。」

当たり前といえば当たり前なのですが、「目が吊り上がっている」「見るからに怒っている」ようなイラストは1枚もありませんでした。

見事なまでに、「笑っている先生っぽい」イラストが出そろいました。

つまり、世間の「優しい先生」に対するビジュアル的なイメージは、

優しい先生＝笑顔の先生

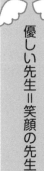

ということになります。

ただ、この「笑顔の先生」ということを課題として与えられると、難しい人には難しい。

「え〜っ、24時間ずっと笑らとかれへん。」

確かに、それは無理。

24時間、ず〜っと笑ってられると、逆に気持ち悪い。

ただ、24時間は無理でも、学校の中には、弥勒菩薩のように45分の授業時間中、ずっと、ニコニコしている先生が1人ぐらいいるかもしれません。

でも、無理をしてまで真似をする必要はありません（できる人もいるでしょうから、できる人はやってください。実際、保育士さんや幼稚園の先生にはいつもニコニコしている人いますよね）。

45分間、笑い続ける必要はないのです。

笑顔は、一瞬でもかまいません。その一瞬一瞬を積み重ねていくのです。

目標は、45分の間に、20回。

1回の笑顔を3秒として、実際に笑っているのは、1分ほどになります。

たったの1分で、45分笑顔でいるのと同じ印象を子どもたちに与えることができます。

もう少し具体的に説明します。
基本的には、

子どもへのリアクションの際に、ニコッと微笑めばいいのです。

「おはようございます。」あいさつの後にニコッ。
「ありがとう。」お礼を言った後に、ニコッ。
「はい、佐々木さん。」名前を呼んだ後に、ニコッ。
「先生、質問です。」逆に子どもから呼ばれた時に、ニコッ。
こんな感じでいいのです。
ちょっと意識すれば笑顔の回数は格段に増えるはずです。
そして、さらに効果的なのが、「褒め言葉＋笑顔」です。
例えば、こんな感じです。
授業の最初、授業の準備がきちんとできている子に対して、「えらいね。もう準備がで

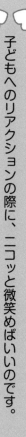

きている」と褒めながら、ニコッ。

大きな声で音読している子に対して、「いい声です」とニコッ。

たどたどしいけど、最後までがんばって音読していた子に対して、「誤魔化さないところがいい」と、ニコッ。

ノートをていねいに書いている子に対して、「ていねいです」と一言褒めて、ニコッ。

独創的な考えを描いている子に対して、「この考えは君だけです」とニコッ。


このような感じで、「褒め言葉＋笑顔」を授業の中にちりばめていきます。

「褒め言葉」というプラスのアクションに、「笑顔」というプラスのアクションが加わるのですから、カツカレー的な豪華さになります。

優しい先生への道、まっしぐらです。

ただし○○に限って、約束を100%守ります

崩れだしたクラスの子どもから次のような声を聞くことがよくあります。

「約束したことを守ってくれない。」

例えば、学期末のお楽しみ会を4時間すると約束して計画を立てていたのに、前日になって2時間しかできないと言われたというようなことです。

もちろん、この場合、先生側にも、学習の進度が遅れて授業の時間が必要になっただとか、4時間はやりすぎだと他の先生から注意されてしづらくなっただとかというような言い分はあります。

それでも、やはり、子どもにとっては、「先生は約束を破った」という思いが強く残ります。信頼関係が崩れていくのです。

だから、子どもと約束をする際には、細心の注意を払わなくてはいけません。

繰り返し言いますが、

「優しい」＝「甘い」ではありません。

何でもかんでも子どもたちとの約束を安請け合いしてしまうと、後で状況が変わったりして、首が回らなくなります。

私自身も、苦い経験があります。

前の学年で、教師不信になった子を担任したことがありました。

その時に、私は誓いました。

「約束は100％守ろう。」

ところが、ある日、その誓いを破ってしまったのです。

「たわせん（私＝「俵原先生」のことです）、なんで休み時間来てくれなかったんや。」

実は、彼とお昼休みに遊ぶ約束をしていました。

ところが、私に急用ができてしまったのです。

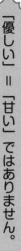

こちらとしては、約束を破るつもりは全くなかったし、彼とはある程度信頼のパイプがつながっていた頃でしたので、事情も事情だから彼もわかってくれるだろうと甘く見ていました。

ところが、私の理屈は、彼には通用しませんでした。

「絶対、約束は守るって言ったやんか。約束したやんか。」

もう平謝りです。

私の気持ち（言い訳）が通じたのか、何とか彼との信頼のパイプが途切れることはなかったのですが、彼とのエピソードで学んだことは大きかったです。

それ以降、私は100％約束を守る男になったのでした。

ポイントは2つあります。

その1つ目はこれです。

守れない約束はしない。

簡単なことのように見えますが、これが意外と難しい。ついつい、相手の勢いに押されてしまい、約束してしまうことがあるからです。

2つ目がこれ。

ただし○○に限る。

このように、約束に一定条件をつけるのです。

先の私の例でしたら、こうなります。

「じゃぁ、昼休みは一緒にバスケをしよう。ただし、他に急な用事が入った場合は無理ですよ。その時は、次の日に遊びましょう。」

このようにしておけば、万が一遊びに行けなくなっても、約束を破ったことにはなりません。また、「次の日に遊びましょう」という代案も入っています。

実際に、このような「ただし○○に限る」的な約束にしてからは、彼が「約束を破った」と怒ることはなくなりました。

かくして、私は約束を100%守る男になったのです。

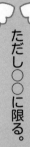

ピンチから、あなたを必ず救うホワイトナイト

「いつか私にも白馬の王子様が……。」

サンタさんの存在以上に絶滅危惧種的な白馬の王子様ですが、ある日、ネットをサーフインしていると、次のようなアンケート調査を目にしました。

「優しい男って、どんな男だと思いますか？」

第1位は、76．8％のぶっちぎりで、

困った時に助けてくれる男

というものでした。

アンケート総数1364名とそこその数字ではあるものの、学術的な調査というよりもネット上での話題提供的なものだったのですが、言いたいことは伝わってきます。

そして、このことは、女性限定でなく、子どもでも同じことが言えるはずです。

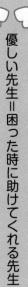

優しい先生＝困った時に助けてくれる先生

ということです。

優しい先生になるためには、ピンチの時にやってくるホワイトナイトにならなければいけないのです。

さて、ここで問題なのが、子どものピンチがわかるかどうかです。

中には、

「先生、ピンチです。」

と言いに来てくれる子もいるでしょう。

でも、そんな子ばかりではありません。

だから、子どものピンチを掴むためには、子どもたちのことをよく見ておかなければいけません。

そのためには、

常に子どもたちのそばにいる

ことが必要です。

時には、職員室に戻って、コーヒーの一杯でも飲みたいでしょうが、休み時間もできるかぎり子どものそばにいるということです（ちなみに、休み時間は、子どもにとっては休憩休息の時間でもありますが、教師にとっては休憩休息の時間ではないのです。立派な勤務時間です）。

朝は、教室で子どもたちを迎えます。

朝のあいさつ、リアクションによって、その日の子どもの様子がわかります。

私の場合、短い休み時間は、教室で宿題の丸つけをしながら、近くによって来た子どもたちと雑談。これが意外といい情報収集になります。

業間休みは、主にインドア派の子と過ごします。

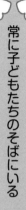

教室で過ごしている子のそばに行ったり、図書室を見に行ったりします。

そして、お昼休みには、運動場に出てアウトドア派の子と過ごすのです。

このように、教師は休み時間ごとに立ち位置を変えて、子どもたちと過ごします。

立ち位置を変えることによって、いろいろなタイプの子と接することができるからです。

いつもいつも外で子どもたちと遊んでいると、図書室で過ごしている子どもの存在に気づかないことがあります。

もともと本好きで図書室に行っているのならいいのですが、クラスに居づらくて図書室に避難していることもあります。

まさしく、その子にとってピンチの状態です。

そんなピンチにいち早く気づくためにも、教師は1か所にとどまっていてはいけないのです（あっ、でも時にはコーヒータイムも必要です）。

子どものすべてを受け止めよう

あなたは、ホワイトナイトのごとく、子どものピンチに駆けつけることができました。
次は、ピンチから子どもを救わなくてはいけません。
ピンチにもいくつかのパターンがあります。
忘れ物をした。
ジャングルジムに登ったけど、1人で降りられなくなった。
おもらしをしてしまった。
友だちとけんかをした。
最近、仲間外れにされている。
悪口を言われた。

例えば、忘れ物をしたというようなピンチなら、「次から気をつけてね」と言って先生のを貸してあげるだけで解決ですが、友だち関係となると、そう簡単にはいきません。じっくりと話を聞く必要が出てきます。

その際、気をつけることはただ1つ。

相手の思いをすべて受け止める

ということです。

天龍源一郎（「ミスタープロレス」の異名をもつプロレスラー）なみに、相手の技をすべて受け止めるのです。

プロローグで話をした健一くんとアキラくんを例に話をしてみます。

「そうか、そんなこと言われたから、アキラくんを殴ったのか。健一くんの嫌だった気持ちはよくわかる」

と、その時の気持ちに共感した上で、こう言います。

「でも、殴ったことについてはどう思う。」

気持ちには共感するのですが、行った行為についてはこのように指導します。

健一くんも、自分の嫌だった気持ちを教師が受け止めてくれると、素直に自分の悪かったことを振り返ることができるはずです。

「悪かったと思う。」

もし、ここでこの言葉が出なかったら、教師がこう言えばいいのです。

「気持ちはわかるけど、したことはいけない。健一くんは手を出す前に先生に言いに来るべきだった。」

ここでは笑顔を封印して話します。

普段、ニコニコしていればいるほど、教師の真面目な顔は堪えます。素直に教師の言うことを聞くはずです。


では、共感できない場合はどうすればいいのでしょうか。

そういうこともあるかもしれませんね。

その場合は、共感しなくてもかまいません。

ただし、相手の思いをすべて「受け止め」てください。

「なるほど、君はそう思ったのか。（先生はそうは思わないんだが。）」

「それで怒っていたんですね。（怒るほどのことはないと思うんだけど。）」

「大変だったね。（でも、そのことは自分が原因なんですよ。）」

特に、興奮しきっている時には、その子の言っていることについて一切否定するようなことは言わず、思いをすべて受けなければいけません。でも、それはその子が言っていることを肯定するということではありません。「君はそう思ったのか」と「先生もそう思う」の違いはわかりますよね。


もちろん、（　）内のことは、心で思っていても、口に出してはいけませんよ（笑）。火に油を注ぐだけです。

（　）内のようなことは、その子の気持ちが落ち着いている時に話せばいいのです。

全力のリアクションが私の優しさ

プロインタビュアーの吉田豪氏は、その著書『聞き取る力』（日本文芸社）で、インタビュー時に気をつけていることを次のように話しています。

嘘をついたら絶対にボロが出るから、相手のいいところを探して、そこを好きになって、本当に心から興味を持って聞くこと。そして、いい答えが返ってきたら、ちゃんといいリアクションで返すこと。

プロインタビュアーとプロ教師、職種は違えども、同じ人間を相手にする職業として、相通じるものがあります。

「相手のいいところを探して好きになる」と言うところは、まさにそうですよね。「子どものことを好きになることが大切だ」ということは、ここまで何度も繰り返して話してきたことです。「嘘をついたら絶対にぼろが出る」というのも、まったくの同感。

ところが、一つだけ違うなぁと感じるところがあります。

それは、「いい答えが返ってきたら、いいリアクションを返す」の部分です。

もちろん、「いいリアクションを返す」というところではありません。リアクションしないなんて、問題外です。

違うのは、前半の部分「いい答えが返ってきたら」というところです。

大人、それも超一流の人を相手にインタビューしている吉田氏と違い、小学校の教師たるものは、

いい答えが返ってこなくても、いいリアクションを返さないといけない

のです。

どんな答えが返ってきても、いいリアクションをとれるからこそ、「優しい教師」と言

えるのです。

かつて、アントニオ猪木は、ほうきが相手でもいい試合ができると言われたことがあります。そこまでできてこそ、本当のプロであると……。

例えば、6年国語「やまなし」(5月と12月の谷川の情景を、蟹の兄弟の目を通して川底に生きる生き物たちの世界を描いた作品。5月の「弱肉強食」の世界に対し、12月は「輪廻転生」の世界と言われている)の授業。

次のような発言がありました。

「やまなしはかわいそうだと思う。やまなしは動けないので、死の時をまっているだけだ。食べられる恐怖がずっと続いている。」

それに対して、反論が出ます。

「でも、やまなしは種をどこか他のところに運んでもらうために食べられるのだから、かわいそうではないと思う。命がずっと続いているから、むしろ幸せだと思う。」

このように友だちの意見をよく聞いたうえで自分の考えをしっかりと述べている子に対して、教師がいいリアクションを返すのは簡単です。

でも、それだけではもったいない。

発言した子を認めつつも、私は次のようなリアクションもつけ加えました。

「ところで、山本さん、今の須藤くんの意見、しっかり聞いていたね。そういうの大事ですよね。」

発表をしたわけでもない、ただ黙って聞いていた山本さんをとりあげ、褒めるのです。

もしかしたら、山本さんは、ぼーっとしていただけで、須藤くんの話を聞いていなかったかもしれません。そのような可能性は確かにあるかもしれませんが、そんなことはおかまいなしで褒めるのです。

教師が超好意的に解釈してリアクションをする。

子どもたちはこのような教師のリアクションを好意的に受け止めてくれます。

そして、今回の例の場合、褒めることによって、「しっかり話を聞きなさい」という指導も同時にできることになります。同じ内容のことでも叱ることによって指導するのとは、教室の空気が全く違ってきます。

ホワイトライ（罪のないウソ）がその気にさせる

私は、この本のテーマをいただいた時、白に関する言葉をいろいろと調べてきました。その時に出会った言葉に、

ホワイトライ……Whitelie

というものがあります。

直訳すると、「白いウソ」。直訳しなれば、「罪のないウソ」ということになります。

前ページで述べた「教師が超好意的に解釈してリアクションをする」というのも、ホワイトライということができます（だって、山本さんは話を聞いていなかったのかもしれま

せんからね)。

で、このホワイトライ(罪のないウソ)を私は意識的によく使います。

先ほどの山本さんのように、本人が意識していないことを、さも意識してやっていたかのように褒めたりするのです。

また、ストップウォッチを使ったホワイトライ(罪のないウソ)も私はよく使います。

子どもたちをその気にさせるのに、もってこいのホワイトライ(罪のないウソ)です。


6年社会の時間。

ワークを使った授業。

「この大名行列のイラストを見て、気のついたことやはてなをできるだけたくさんノートに書きましょう。時間は5分です。」

このような指示をします。

教師はおもむろにストップウォッチのスタートボタンを押します。

この時、けっしてタイマーは使いません。

何故か。

タイマーでは、ホワイトライ（罪のないウソ）がつけないからです。

タイマーの場合、5分間たてば、アラームがなります。それこそ、正確無比に……。

でも、ストップウォッチの場合、5分経ったかどうかは子どもたちにはわかりません。音はなりませんし、ストップウォッチは、教師の手元にあるのですから、時間の表示も子どもたちは見ることができません。

このストップウォッチの特性を使って、子どもの様子を見ながら、ホワイトライ（罪のないウソ）をつくのです。

例えば、子どもたちのノリがよくて、まだまだ書けそうだなという時には、5分経ってもストップウォッチを止めません。

8分ぐらいたった頃、ストップの合図をかけ、おもむろにこう聞きます。

「前よりもたくさん書けた人？」

実は、「イラストを見て気づいたことを書く」という授業は、俵原学級では、年間を通じて行っています。だから、このようなことが聞けるのですが、この問いに関してほとんどの子が、「前よりたくさん書けた」と手をあげます。

そりゃぁ、そうです。時間が3分も増えているのですから、その分たくさん書けていて当然です。

わかった上で、すかさず、褒めます。

「すごいなぁ。はてな発見力が伸びていますね。」

この反対に、どうも子どもたちの鉛筆の動きが鈍いなぁと感じた時は、4分ぐらいで終わってしまいます。

そして、その時には、こう聞きます。

「今日は、いつもより時間が短く感じた人?」

5分が4分になっているのですから、これも、当然多くの子が手をあげます。

「集中していた証拠です。一生懸命考えていたんですね。」

子どもたちは時間が短かったことなんてわかりません。

そうかがんばっていたんだ……とその気になります。嫌な気はしません。

愛のあるウソは、ありなんです。

子どものウソをスルーできますか？

前のホワイトライのページを読んでこう思った人はいませんか？

「いくら子どもを伸ばすホワイトライ（罪のないウソ）とはいえ、やはりウソはよくない。私は、ウソをついてまで、そんなことしたくない。」

そう思った人は、スルーしてかまいません。

この実践に限らず、自分に合わないなぁと感じたことは無理して行う必要はないのです。

何となく違和感を感じながらも、本に書いてあったからだとか、尊敬する先生が言っていたからだとかという理由から、無理して実践を真似ることはありません。

違和感を感じるということは、何かが違うのです。

子どもが違う。

住んでいる地域が違う。

そして、教師としての力量が違う。


あなたが真似をしようとした実践とあなたが置かれている背景が違うのは、自明の理です。もちろん、そのまま真似をしてうまくいく実践の方が多いと思いますが、あなたが何かひっかかるというのなら、その自分の感性を大事にしてください(もしかしたら、本の中の実践家もあなたの学校にいたら、本とは違う実践をしているかもしれません)。

ただ、「このような実践は自分には合っていない」という理由からスルーするのならいいのですが、「ウソをつく」という行為に対して、あなたがスルーできないのだとしたら、ちょっと心配です。

というのも、子どもって、けっこうウソをつくからです。

あなたは、子どものウソをスルーすることができますか?

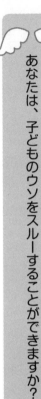

もちろん、内容にもよります。

でも、時と場合によっては、ウソとわかっていても気持ちよく騙されてあげることが教師には必要です。それが優しさというものです。

ワンピースのサンジのセリフに次のようなものがあります。

「女のウソは、許すのが男だ。」

俵原の言葉にも似たようなものがあります。

「子どものウソは、許すのが教師だ。」

さて、スルーすべきは、子どものウソだけではありません。

クラスづくりをしていく上では、スルーしていいことがたくさんあります。

そして、スルーしてはいけないこともたくさんあります。

私は、ウソをスルーすることのできない教師は、他のこともスルーできないのではないかと思ってしまいます。

だから、ちょっと心配なのです。

実際、学級崩壊を起こす教師は、スルーしてもいいことをスルーしないで、スルーしてはいけないことをスルーしてしまう傾向が強いようです。

スルーする力は、学級崩壊を起こさない教師の必須能力なのです。

その1つの指針が、「子どもの何気ないウソをスルーできるかどうか」というものになります。

ちなみに、私がここでいうスルーする力というのは、スルーしていいのか悪いのかを判別する力も含んだものです。実際、この判別する力をつけることは、結構難しいようです。

私の場合、まずスルーするかどうかを野口芳宏先生から学んだ「叱る3つの基準」をもとにまず判断します。

次のような基準です。（野口芳宏著『教師のための叱る作法』学陽書房）

1　生命の危険にかかわること
2　他人の不幸の上に、自分の幸福を築くこと
3　3度注意して、改善の見込みが認められない時

2について、少し補足します。例えば、「友だちをいじめて面白がる」「悪口を言う」など、人を貶めて、自分の立場をよくするといったようなことです。子どもには、「いじめをした時」とシンプルに言うこともあります。

とにかく、この3つについてスルーすることはありません。

普段は、ニコニコしている私が、烈火のごとく叱ります。

クラスの誰がしても同じように叱られます。

4月当初に、あらかじめ子どもたちにも示していますので、叱られた子どもも周りの子どもたちも納得します。

ところが、学級崩壊を起こしてしまう教師は、このようなわかりやすいことさえもスルーしてしまうことが多いのです。


さて、ここから少し上級編に入ります。

例えば、同じように授業の準備をしていなかった子が2人いたとします。

Aくんには、スルー。特に何も注意しません。

Bくんには、「授業の準備をするんですよ」と軽く注意。

さて、どうしてでしょう？

実は、Aくんは前学年まで教室に入って来れなかった子でした。それにくらべて、Bくんは最近になって、ちょっとさぼり癖が出てきた子です。

つまり、それぞれの子の置かれていた状況が違うから、教師の対応も違っていたということです。

こういうことって、実際のクラスではよくある話です。そして、スルーされずに注意された子から「自分だけ注意されて、なんであいつは注意されへんのや」という文句の1つが出てくることも時にはあるようです。

ただし、私のクラスではそういったことはありません。

というのも、俵原学級には、野口先生の3基準の他に、もう1つ基準があるからです。

伸びたか伸びていないか。

4月当初にこの基準は話しているので、Bくんも「A君は伸びているけど、自分は伸びていない。だから、先生は僕にだけ注意をしたんだ」とわかっています。

だから、文句を言わないのです。

ただ、万が一、Bくんが一言言ってきたら、こういう話をするつもりでした。

ご参考までに。

「確かに、Aくんも君と同じように授業の準備ができていない。でも、Aくんは去年まで教室になかなか入って来れなかったのは知っているよね。めっちゃがんばっていると思わへんか。それに比べて、君の最近の様子はちょっと残念やなと先生は思っている。だから、注意したんや。君自身は、このままでいいと思っているんですか?」

このように言われれば、Bくんも納得します。

なお、「伸びたか伸びていないか」については、第2章でもう少し詳しく説明します。

子どもへの愛が湧き出す泉を探せ

ある年のことです。

卒業式の演出の一つとして、6年生が卒業証書を受け取る時、舞台の横の50インチモニターに、その子の小さかった頃の写真を映すといったことをしたことがあります。

ただでさえ感動的な卒業式に「あんなに小さくてかわいかった子が、こんなにも立派になって……」という効果が加わり、保護者にも来賓の皆さんにも大好評でした。

そして、当然、子どもたちの間でも……。

卒業式まで、あと十何日という日、卒業式に使う写真を実行委員の子が集めていました。

「正平くん、めっちゃかわいい。」

「ほんまや。目がクリっとしてる。」

クラスで一番のやんちゃな男の子の赤ちゃん時代の写真は、女子から大人気。

冷やかされながらも、正平くんは、まんざらではない様子。

私は、教室の自分の机で日記にコメントを書きながら、そんな様子を微笑ましく見ていました。


そして、また別の日。

卒業式間際だというのに、正平くんは私に叱られるようなことをしてしまいました。

私の前に神妙な顔をした正平くんがいます。

私は、叱らなければいけません。

でも、その時、なぜか正平くんの赤ちゃんの写真が頭に浮かんだのです。

そう、可愛い正平くんの姿です。

そう思ったとたん、笑いがこみあげてきます。

もうこうなったら、ダメです。笑いをこらえるのに必死で叱れなくなってしまいました。

(ただ、正平くんにとっては、いつもと違い何も言わず、黙って見ている私がこわかったようです。よっぽど怒っていると思ったのでしょう。とりあえず結果オーライでした。)

これが、「クラスの子どもが可愛く見える方法」の一つです。

その子が赤ちゃんの姿を想像してみる。

教師に悪態をついているやんちゃ坊主に対して、「今、いくら生意気なこと言っていても、ほんの10年前には、アンパンマンのぬいぐるみをめっちゃ笑顔で嬉しそうに持っていたんやろな」というようなことを思うわけです。

実際には、アンパンマンを持っていたかどうかは関係ありません。小さい頃の写真を見る機会なんてないのが普通ですから、あくまでもあなたの想像でかまわないのです。

もともと「赤ちゃんには、可愛いいと思わせる能力が備わっている」と言われています。好き勝手に想像して、本人おかまいなしに可愛いと思ってしまいましょう。

また、この別バージョンとして、「その子がおじいさん、おばあさんになった姿を想像してみる」というものもあります。

どちらにしても、妄想力のフル活用です。

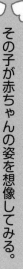

愛は思い込んで叫ぶもの

さらに、ここでダメ押しをしましょう。

吉田豪氏（プロインタビュアー）が言っていたことを実行するのです。

相手のいいところを探して、そこを好きになる。

いいところ探しです。先にあげた「赤ちゃんの様子を想像する」というのも、いいところ探しの1つと言えます。

ちょっと実際にやってみましょう。

なかなかいいところが見つからない男の子がいるとします。

例えば、次のような感じです。

①すぐに何かを独り占めしようとする。
②いたずらや悪さが大好き。
③思いついたいたずらを即実行する。
④いつもみんなを困らせる。
⑤非常に大食いで、食い意地も人一倍。

このような感じの子です。どうしてもマイナスの項目があがってしまいます。
このままでは、好きになるのは難しい……かもしれません。さらに続けます。

⑥清潔にすることを極端に嫌う。
⑦普段は暇を持て余し、昼夜かまわず町をうろつく。
⑧どんなに懲らしめられてもめげない。
⑨自ら自作したマシンを駆使する。

⑩「はひふへほ」や「ばいばいき～ん」等、きちんとした言葉遣いができない。

すでにお察しの方もいると思いますが、この子は俵原学級には存在しません。ば◯き◯まんの特徴をいろいろと調べて10個あげてみました。

まぁ、実際に◯い◯んまんがクラスにいることはありませんが、このような子がクラスにいるとして話を進めていきます。

今、10の項目をあげましたが、その中でこの子のプラスの部分をあげるとしたら、⑨の「自ら自作したマシンを駆使する」という項目になるでしょうか。

つまり、10のうち、1しかいいところを見つけることができなかったということです。となると、全体的なイメージは、「この子は悪い子」というものになります。

そして、普通はここで終わりになります。

でも、「クラスの子どもを1人残らず好きになろう」と思うのなら、もう一歩前に進みましょう。

ここから、一歩進んだいいところ探しを行います。

たった1つしか見つけることができなかったとしても、そのいいところに着目します。

そして、

その1を自分の意識の中ででっかくするという作業を行うのです。

そうすることによって、他の9の部分をちっちゃく感じることができます。
では、実際にやってみしょう。
「自ら自作したマシンを駆使する」を広げていきます。
・手先が器用。
・発想力が豊か。
・自分で作るこだわりを持っている。
とりあえず、3つぐらいあげることができればいいでしょう。
そして、さらに、この3つから、彼のいいところを広げていきます。
・手先が器用→マシンだけでなく、他のものも作れる。
・そりを作って、みんなを感心させたことがあった。
・手作りのプレゼントを作ってくれた。

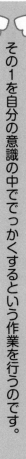

・ものを作る時には、集中して取り組んでいる。

このように考えていくと、たった1つだったいいところが、10にも20にもなっていきます。

実際は、1つの項目を細分化しているだけですが、それでも、その1つがとても大きなものに感じてくるはずです。

はっきり言って、詭弁です。でも、詭弁であろうが、駅弁であろうが、それでみんなが幸せになれるのなら、いいじゃないですか。

「あいつは、○○の欠点や○○という悪いところもあるけど、○○もあるし、なんかいいやつやな」

と感じることができれば、どんなやんちゃな子どものことでも好きになれるはずです。

結局、好きになるって、思い込みの部分も大きいですからね。

少しの距離が愛おしさを呼ぶ

あなたにとってどうしても合わない人がいるとします。

人生長く生きていると、そんな人が1人や2人いたとしても不思議なことではありません。多分、前世で何かあったのでしょう（笑）。

では、そのような人とはどのように付き合っていけばいいのでしょうか？

答えは、簡単です。

思いっきり離れてしまえばいいのです。

これで、お互いにハッピー。

例えば、アメリカのニューヨーク州スカーズデイルに嫌なやつがいても、気にはならないではずです。

距離がすべてを解決してくれます。

さて、これは大人の話。

クラスの子どもに対しては、「全員を好きになる」と決めたのですから、「合わないなぁ」と感じる子がいても、その子から思いっきり離れるわけにはいきません。教室の広さにも限度があるからというのは冗談ですが、何よりも不自然ですよね。

だからと言って、「合わないなぁ」という気持ちを持ったまま、その感情を押し殺して、べったりと近づいていくのも問題です。

あなたの持っているその子に対するネガティブなオーラがその子に伝わるからです。また、その子があなたに持っているネガティブなオーラもより強く伝わってきます。

負のスパイラルに陥ってしまうのです。

では、どうするのか？

ここでも、距離がキーワードになります。

離れすぎない、かといってくっつきすぎることもない距離をとるのがベストです。思いっきり遠ざかることもわざとらしくなります。逆に、必然性もないのに、無理して近づくこともいけません。

ただし、ここで言っている距離とは、物理的な距離のことです。むしろ、心理的な距離は近づこうと努力してください。

つまり、

物理的にちょっと離れたところから、その子のいいところ探しをするのです。

それまで、合わないなぁと感じていた子ほど、ちょっと離れることで、その子のいいところが見えやすくなります。

また、周りの子から、その子のいいところを教えてもらいやすくなります。

例えば、次のような感じです。

「合わないなぁ」とまでは感じていなかったのですが、なかなかその子のがんばりが私には見えなかった男の子がいました。

ある日の休み時間、私が教室で宿題の丸つけをしていると、女の子たちが何人か近づいてきました。

私は、何気なく、しかし、何の根拠もなくこう言いました。

「そう言えば、寛二くんがんばっているよね。」

その場には、彼はいません。

私としては、本当はがんばっていることがなかったとしても、「彼ががんばっている」という空気を彼がいない場で出したいなぁと思い、話した言葉でした。

ところが、彼女たちは、私の言葉に続けてこう言ったのです。

「そうそう寛二って、6年になってから、ずいぶん変わったよね。」

「授業中もちゃんと座っているし。」

「友だちに嫌なことされても我慢していることが多くなったよね。」

「意外と字もきれいだしね。」

私の気づいていなかったことばかりです。その場に寛二くんがいないのがよかったのか、寛二くんのいいところを次から次へと教えてくれました。

休み時間終了のチャイムが鳴ったところで、次のように締めました。

「寛二くんには、先生が褒めていたこと言ったらあかんぞ。たぶん、そんなん好きじゃないやろから。」

確実に彼女たちが寛二くんに話すのを期待して……。

第 2 章

光を与える学級づくり・ホワイトマジック（白魔術）

クラスは，教師の愛で満ちていますか？
愛を満たしてクラスの子が輝きだす！
「ホワイトマジック」を伝授します。

巨匠に学ぶホワイトマジック（白魔術）

有田和正先生以外に、私が師と仰いでいる先生がもう1人います。

公に出ることを好まれませんので、本書ではお名前をあげることはしませんが、とにかく凄い人です。

その凄い先生と初めてお会いしたのは、私がまだ20代の頃でした。

神戸の会場で、国語の詩の模擬授業を受けたのです。

授業は、参観者の感想から始まりました。

「なるほど、そう思ったわけじゃな。」

その感想を受け、師匠は話を他の人に振ります。

そのようなことを繰り返し、詩の主題に迫っていくのです。

法則化運動と出会い、「発問・指示の定石化」に感化されていた当時の私は、なんとなく師匠の授業の凄さは感じるもののよく理解できませんでした。

それどころかこの授業に対して批判的な思いを持ちました。

「今回は、うまく主題につながったけど、最初の人が違う感想を言ったらどうなるんだろう。違う方向に行ってしまうんじゃないか。教師が主題に迫る明確な発問を授業の最初に出したほうがいいと思う。」

不遜にもそう考えた私は、師匠（正確にはこの時点では師匠という思いもなく、いずれ自分の師匠になるとさえ思っていなかったが）にこう質問をしたのです。

「最初の感想が違っていたら、どんな授業になったのですか。」

この失礼な問いかけに対し、師匠はこう答えました。

「どんな感想が来ても、主題に迫れるよ。」

即座にこう思いました。

「自分には無理。」

当時の私にとっては、師匠の授業は魔法を使っているように見えたのです。

「無理に追いかけると、痛い目に合う。」

直感的にそう感じた私は、師匠としばらく距離をとることにしました。

そして、10数年が経ちました。

ふとしたことがきっかけで、また師匠のお話を聞く機会に恵まれました。

多分、話していることは10数年前とそんなに変わらなかったはずです。

でも、わかるのです。

すとんと入ってきます。

10数年間の教師修業を経たことによって、私にも知らないうちに魔法が使えるようになっていたのでしょう(笑)。


さて、私が魔法を使えるかどうかは別にして、素人が見ていると魔法にしか見えないプロの技というものは明らかに存在します。

もちろん、本当の魔法ではないので、その理を語ることはできます。

そして、理を知り、そのことを意識することによって、自分でもその魔法を使いこなせるようになります。

本章では、そんな子どもたちを幸せにする白魔術をいくつか紹介します。

「普通の子」を目に入れたら、40人がわかる

今から数十年前、なんとなく白魔術が使えるようになってきた（笑）時期、私はあるセミナーに一参加者として参加しました。

当然のごとく、懇親会にも参加。

そこで、私は、いろいろな先生方とワイワイ話をしていたのですが、ちょっと離れた席で講師の先生に質問をしている若い先生の話が聞こえてきました。

「先生は、全員を伸ばさなければいけないとおっしゃっていましたが、どうやったら、全員を伸ばすことができるのですか？」

「一人一人指導しなければいけないことは違ってきますので、全員という十把一絡げの見かたではなく、一人一人を見ていくことが大切です。」

「一人一人ですか。40人いれば40通り……ということですね。」

その若い教師は、わかったようなわからないような複雑な表情をしていました。

講師の先生の口調はあくまでもやわらかいものでしたが、その裏側には次のような答えが見え隠れしています。

「プロの教師たる者、クラスに子どもが40人いれば、40人すべて見えていなくてどうするのだ。」

そして、若い教師の表情の裏にも次のような思いが。

「その見方を教えてほしいねん。」

たぶん、私も師匠の授業を初めてみた時には同じような表情をしていたんだろうな……と懐かしさにも似た思いをいだいて聞いていました。

実は、私も20代の頃、同じような話を講師の先生からされて、

「それは、あの先生だからできるんだ」

と、なかばイソップ童話的な逃げの考えをしてその場を終えていました。

このような質問をするという発想さえなかったのです。

ちょうど、その頃、私は師匠から次のような話をいただいていました。

「俵原さんは、そろそろ自分の実践を理論化せにゃいかん。」

確かに、この頃には、私も40人いたら40人見ることが、（見えているレベルの違いはあるでしょうが）なんとかできるようにはなっていました。

ただ、もしこの時に、その若い教師が、お酒の席を変えて私に問いかけたとしても、この講師同様、まだうまく答えることはできなかったでしょう。

どうしたらその魔法を発動することができるかわからないまま、魔法を使っていたようなものです。

40人いたら40人全員を見るためにはどうすればいいか。

この若い教師の言葉に対する解をもたなければいけないということが、師匠の先の言葉もあって、この時から、私の頭の隅っこに引っかかることになったのです。

そして、時がちょっとだけ流れ、また懇親会での席。

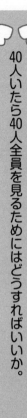

前回とほとんど同じようなシチュエーションが見られました。

ただ、前回と違うことは、その若い教師が私にも問いかけてきたことです。

「どうやったらクラスの子一人一人を見ることができるんですか?」

さらに、もう一つ違うことは、その問いに対して、私は次のような答えを返すことができたことです。

普通の子に着目せよ。

とっさに答えが出てきたわけではないのですが、この問題意識が常に頭の片隅にあったのがよかったのでしょうか、スイミーなみにうんと(たぶん5秒ほど)考えた末、閃いたのです。

補足します。

学級の子どもたちを粗く3つのゾーンに分けてみると次のように分けることができます。

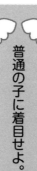

A　学校生活に意欲的な子
C　学校生活に意欲的ではない子
B　AでもCでもない子

4月当初、私は、どこを意識していたのか考えたのです。

その結果、自分は、特にBの子を意識していることに気づいたのでした。

私は、ビール片手に力説しました。

「Aの子は、ほっといても教師に近づいてくる。逆に、Cの子は離れていく。離れていくと言っても動きがあるので、教師の意識は行くわな。だから、AでもCでもないBの子を意識して子どもをたちを見ていけば、結果的にクラスの子全員を見れるようになるっちゅうわけや。」

クラスのすべての子が見えるBの理論という白魔術が誕生した瞬間でした。

始業式には「普通の子」の名前を唱えよう

私は、4月当初、特に始業式の日に意識していることがあります。
それは、

全員の名前を1日10回以上言う

ということです。
名前を呼ぶことによって、教師との信頼のパイプをつないでいくのです。
この時も、ポイントになるのは、Bの子です。
「全員の名前を呼ぶ」と言っても、常に名簿を持ってチェックしながら、話しかけるようなことはしません。

「○○くん、おはよう。よし○○くん1回目クリア。」

「あっ、○○くん、教科書運ぶの手伝ってくれるんだ。○○君、ありがとう。よし、これで3回目。」

なんてされたら声をかけられた方も興ざめしてしまうでしょ。

つまり、誰に声をかけて、誰に声をかけていないかということをいちいち確認しながら、行っているわけではないのです。

かといって、私に抜群の記憶力があるわけではありませんので、普通に何も考えず、目についた子に対して声をかけ続けることをしていると、声をかけた子とかけていない子が出てきてしまいます。そうなれば、「全員に」という重要なポイントが抜けてしまいます。

だからこそ、私は次のことを意識するのです。

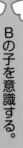

Bの子を意識する。

前学年の担任の先生から引き継いでいるCの子については、春休み中も常に意識にあったはずですから、自然に教師の目がそちらを向くでしょう。

また、学校生活にやる気満々のAの子は、教師が何もアクションをおこさなくても自ら教師の視界に飛び込んできてくれます。

そこで、自ら教師に近づいてくることもなければ、遠ざかっていくこともない、意識しなければ動きが見えにくいBの子に着目すればいいということになります。


結構いろいろな媒体で書いたり話したりしているエピソードなのですが、ある年の4月末に行われた家庭訪問で次のような会話をお母さんとしました。

「うちの子は内弁慶なもので、毎年家庭訪問ではおとなしい子だと言われるんですが……。」

「実は違いますよね。」

「そうなんですよ。始業式の日、うちの茂が、学校から帰ってくるなり『今度の先生は違う。俺のこと、よくわかっとる』って、嬉しそうに私に話しかけてきたんですよ。」

「へぇ、そうですか。うれしいですね。」

「さすが、たわせん（私＝「俵原先生」のことです）だね……って言っておきました。」

「それはどうも。」

と笑って終わり。

実は、何となく話は合わせていたものの、私自身、この時、彼にどんな言葉がけをしたのか全く思い出せませんでした。だから、お母さんに「ところで、どんなことを言ってくれたんですか？」と聞かれたら大ピンチに陥ってたはずです。

たぶん、「茂君、君、面白そうやなぁ」とか「茂君、そのリアクション最高。センスあるわ」的なことを言ったのでしょうが、実際に何を言ったのかは、ほんと覚えていないんです。記憶力が抜群でもない教師がひたすら子どもたちに声を駆け回っていたのだから、無理もない話です。

この茂君は春休みの前担任からの引継ぎでも名前が上がらないような典型的なBの子でした。叱られることもなければ、特に褒められることもないというようなタイプのお子さんです。

特に、始業式のようにとにかくやるべきことがたくさんある日には、このような子は教師の意識の中から外れがちになります。今までも始業式の日は、そうだったのでしょう。

いや、始業式どころか黄金の3日間と呼ばれる期間の間、声をかけてもらえなかった年もあるかもしれません。

だからこそ、茂君もお母さんも私の対応に喜んでくれたわけです。

そして、何を言ったか覚えていないのにもかかわらず、私の一言が彼のやる気を引き出し、彼や彼のお母さんと信頼のパイプをつなぐきっかけになったことは確かなことです。

始業式の日、新しい担任に認められたと感じた茂君は、1年間、伸び伸びと自分自身を表現し、笑顔あふれるクラスづくりに貢献してくれたのです。

先生は、俺のこと、わかってくれている。

すみません。実は、この時はあまりよくわかっていませんでした。

でも、彼にそう感じさせることができたのは、始業式の日に全員に声をかけるというノルマを自分に果たしていたからです。

20代の頃にはできなかったことです。そして、それができるようになったのは、「Bの子を意識する」ことができるようになったからなんです。

やんちゃな子には、ヒット&アウェイ

さて、茂くんと同じ年のクラスには、茂くんとは対照的に春休みの引継ぎでこれでもかというぐらい前担任の先生から話を聞いた子が1人いました。

学年1、いや学校1のやんちゃものの達也くんです。

で、その引き継ぎの席で　彼の問題行動の事例が出るわ、出るわ。

さて、このような情報を春休みに与えられた教師は、たいてい次のような決意を胸に秘めます。

「よし、自分はこの子のいいところを見つけて、褒めていこう！　褒めて育てよう！」

子どものことが大好きで優しい教師として、この決意自体は決して間違ってはいません。

ただ、気をつけないと、この決意が空回りしてしまいます。

「褒めなければいけない」という意識が先走りすぎて、ちょっとしたことでも褒めようとがんばりすぎるのです。

「おっ、君の立っている地面、きれいだね。さすが！」

「先生と服が一緒だ。気が合うね。」

始業式の日、初めて会った先生にこのように言われたら、どう感じますか？

私だったら嫌ですね。

白々しく感じます。

それ、本心？って、疑ってしまいます。

わざとらしいですよね。

子どもの世界では、なおさらわざとらしいことやウソは通用しません。特に、「問題行動をよく起こす」「学校生活に意欲的でない」といった達也君のようなタイプの子は、他の子よりも、これらのことに敏感です。

というのも、今まで何度も善意からくるこのような教師のわざとらしい行動を目にしているからです。

特に、高学年の場合は、「褒める」ことだけにこだわりすぎると、信頼のパイプは逆につながりにくくなることがあるのです。


始業式、達也君との初めての出会いの日。

達也君のようなタイプの子は、教師のわざとらしい行動には敏感です。

だから、何よりも、この日は、教師の気合が空回りしないように気をつけます。

むしろ達也くんよりも、茂くんのようなBの子たちを強く意識する。

そうすることによって、達也くんに対する意識も自然と薄まります。

まさに、一石二鳥です。


「達也君、おはよう！」

朝、彼と出会い、挨拶をしました。朝に挨拶をすることは、わざとらしい行為ではありません。

しかし、達也くんからのリアクションはなし。黙ったまま、教師の横を通り過ぎます。

でも、これは予想通りの展開です。

ここで、教師は、間違っても、「おい、達也！ ちょっと待て。先生が挨拶したら挨拶を返すのが礼儀だろ！」と怒ってはいけません。

達也くんと良好な関係をつくるために挨拶をしたのに、ここで怒鳴ってしまったら、険悪な関係になってしまうからです。

挨拶は、単なる手段です。

あくまでも、当初の目的を忘れてはいけません。

この場面では、とりあえず声をかけるだけでかまわないのです。教師には、スルーする力が大切だということはもうお話ししましたよね。

決して深追いはしません。

ただし、声はかけ続けます。


繰り返しますが、わざとらしさを達也くん自身が感じてはいけません。

「うっとおしい奴やな」

と一度マイナス評価が固まってしまったら、それを覆すには相当なエネルギーが必要になってきます。

「優しくて子どものことを大好きな先生」をめざすなら、「優しさ」の押し売りはいけません。だから、一番いけないのは、休み時間、一目散に達也くんに近寄り、声をかけるようなことです。

「おっ、達也、休み時間、何しているん？　一緒に遊ばへんか。」

低学年なら通用することでも、いろいろな経験を積んできている高学年にもなると、「うっとおしい奴やな」と煙たがられるだけで逆効果です。達也くんのような子に対して、この時期には、休み時間でのコンタクトはまだ早すぎるのです。

……となると、一番いいのは、授業の時間ということになります。

「はい、次は達也くん。読んでください。」

授業中なら、不自然さはありません。教材という媒介を通じて、彼に近づいていくことができるのです。

私は学期当初は、列指名を多用しますが、その理由の1つが、すべての子に自然な感じでコンタクトが取れるということです。座っている順番に前から指名されていくので、子どもたちもそういうものだと感じ、発言します。

一般的な「挙手→指名」方式では、達也くんのような子は、答えがわかっていても、決して手を挙げません。つまり、コンタクトができないということになります（指名については、後でまたもう少しだけ詳しくお話しさせていただきます）。

また、ノート作業をさせて、机間巡指で近づき、声をかけたりもします。

「さっきよりもたくさん書けていますね。」

1文字でも増えていたら、2周目の机間巡指で褒めることができます。

もしかしたら、褒めることが全くないこともあるかもしれません。

それはそれでいいのです。

例え、褒めることがなくても、教師がそばに行くことに違和感を感じなくすることが目的の1つだからです。

このようにして、ゆるりゆるりと、信頼のパイプをつないでいきます。

近づいては離れ、離れては近づく。

いわゆるヒット&アウェイです。

デキる子とは、遠距離恋愛♥

茂くんや達也くんのクラスには、当然、学校生活にやる気満々のAの子もいました。

杏果さんもその1人です。

「先生、そのノート配ってもいいですか?」

教師がしてほしいことにいち早く気づき、自分から動いてくれます。

ノートの字はていねいで、授業中の発表もたいへん多く、学習にも意欲的に取り組みます。休み時間、教室で私が宿題の丸つけをしていると、そばに寄ってきて話しかけてきます。「杏果さんは、言うことなし」と、前学年の担任が太鼓判を押す理由がよくわかりました。

ただ、このようなタイプの子に対して、流れにまかせたまま付き合っていると、大変なことになってしまうことがあります。

クラスの中で、その子が浮いてしまうことがあるのです。

教師がその子とつながりすぎることによって、クラスの中でのその子の居場所がなくなってくるのです。特に、高学年女子の場合、要注意です。

場合によっては、それがいじめにつながってしまうことがあります。そういう事態は避けなければいけません。

では、どうすればいいのかというと、

あえて距離をとる

ようにするのです。

何も杏果さんが近づいてきたら、逃げろ！と言っているわけではありません。Bの子に対しては、どんどん教師から近づいていけばいいのですが、このようなAの子には教師からあえて近づいていく必要はないということです。Cの子についても、わざとらしく近づくことはいけませんが、それでも、必然性を創って近づく必要はあります。しかし、Aの子にはそれさえも必要はありません。向こうから近づいてくるのを待っているぐらいでちょうどいいのです。

あえて距離をとるぐらいの意識で、他の子とのバランスがとれるのです。

もちろん、いい行動については、褒めてかまいません。

「距離をとらなければいけないから、褒めない」では、かえってわざとらしくなり、逆効果です。

ただし気をつけなければいけないことがあります。

その子一人だけを褒めないようにする

ということです。

例えば、杏果さんがそうじをがんばっていたとします。

「今日のそうじ、杏果さんとひなたさんと千由李さんが、一言もしゃべらずにがんばっていましたね。お見事でした。」

このように、友だちとセットで褒めるというわけです。

やる気のある杏果さんですから、そうじ以外の場面でもがんばる姿を見せてくれるはずです。この時も、彼女だけを褒めてはいけません。

机間巡指をしながら、ていねいなノートの子を褒めることがあります。

「達也くん、ていねいに書いてるね。」

「おっ、今日のノートはいい感じだね。くうちゃん。」

「杏果さんもいいですね。とても見やすい。」

例え、クラスで杏果さんのノートが1番ていねいだったとしても、1番最初に言ったりしないで、あくまでも「ワン　オブ　ザがんばった子たち」に聞こえるように話します。

褒められる内容によって、杏果さんとセットになる子は違ってきます。

杏果さん自身は、毎回褒められて満足しますが、いつも何人かのセットで褒められているので、他の子にとっては、杏果さんばっかり褒められているような感じはしません。それでも、杏果さんの名前はよく出てくるなぁと何となく感じるので、杏果さんはがんばっているんだというプラスのイメージは残ることになるのです。

いじられやすい子のためにこそ、周りをあたためる

太一くんという子がいました。

この子は、達也くんとは違った意味で、前の担任の先生からの引継ぎ事項が多かった子でした。

明るい性格で、いつもニコニコしているのですが、少し気が弱いところがある子でした。

でも、目立つことは大好きで教室の前にもすぐに出てきます。自分が面白いと思ったことを話し出すと止まらないタイプの子で、何よりも周りの空気を読むことが苦手なところがありました。

「おっ、太一がなんか変なことしている。」

「太一、何してるんや。」

いわゆる周りの友だちから「いじられやすい」タイプの子どもです。

面白いことをしていて、それが受け入れられているうちはいいのですが、そのうち、飽きられて、

「太一が変なことをしている。」

「またか。」

「そんなに面白くないのに、調子に乗ってるんちゃうか。」

となり、いじられるということにとどまらず、それがいじめの対象になっていくこともあります。

実際、家庭訪問で、おうちの人から、「これまで何度かいじめられたことがあった。今は、楽しそうに学校に行っているので、安心はしているのですが」という話も聞きました。

このような太一くんのようなタイプの子どもに、

「太一、面白いけど、もう少し空気読んだ方がいいぞ。みんな、飽きてきているよ」

という指導をしてもなかなか彼には入っていきません。

そこで、私は太一くんへの指導よりも、

ことを優先することにしました。

この年の私のクラスでは、授業中でも（……というか、どちらかと言えば授業中の活動の方がメインですが）、お笑い係の子が活躍していました。

例えば、社会科の資料集に載っている歴史の四コマ漫画を、ただ音読するのではなく、それを劇にして、みんなに披露してくれたりするのです。

面白いことをするのが大好きな太一君は、当然のごとくこの係に立候補、休み時間に友だちと練習するほどがんばっていました。この日も、お笑い係の太一くんが大活躍。太一くんのパフォーマンスに大満足した野球ひとすじの長瀬くんが一言言いました。

「ほんま、太一って凄いな。こんなクラス、他にないで。」

クラスの他の子たちもうんうんと頷いています。

しかし、この時、私は彼の言葉を否定しました。

「いや、長瀬くん。それは違う。」

たわせん（私＝「俵原先生」のことです）は何を言い出すんだ！

一瞬、クラスの空気が変わったようでした。

かまわず続けます。

「確かに、太一くんは凄い。でも、それ以上に凄いのは、それを楽しそうに見ている君たちやで。」

またまた、空気が変わりました。

ただし、それは、ほっとしたというか、予想外の斜め上から認められてうれしいというような空気。ちょっと、ジ～ンとしたいい感じでした。

……も、それもつかの間、空気を読むことが苦手な太一くんは私の話にかぶせるようにこう言ったのです。

「ほんまや、おまえら、よう我慢しとる（よく我慢して俺につき合ってくれる）。」

「お前が言うなぁ。」

思わず、突っ込んでしまいました。

まぁ、太一くんのおかげでいいオチがついたので、それはそれでオッケーなのですが、もう一度ここで整理してみますね。

普通なら、教師は、お笑い係をがんばっている太一くんたちを褒めまくります。

お笑い係をがんばっている太一くんたちは、Aの行動をしているからです。

でも、Aの行動ばかりを褒めてはいけないのです。Aの行動ばかり褒めていると、結果的に一部の子ばかりが認められることになり、その子たちがクラスから浮いてくるからです。そして、そのマイナスの雰囲気は当然本人たちにも伝わります。お笑い係の活動はフェードアウトし、知らない間に消えていくことになります。

関西（ただし、俵原の知っている狭い範囲限定）では、4月当初、多くの学級でお笑い係（漫才係）ができるのですが、その活動がなかなか定着しないのは、このことが多くの原因です。

だから、私は、周りを育てることにしたのです。お笑い係があるかないかは、学級づくりにおいて、さほど重要な位置を占めているわけではありません。事実、私の学級でも、お笑い係のない年もありました。ただし、この年は少し事情が違いました。お笑い係がフェードアウトするということは、太一くんの一番輝ける場所がなくなるということです。

それは、避けたいと思いました。

そこで、私は、お笑い係を褒める以上に周りの子どもたちを褒めたのです。

そうすることによって、私は、

お笑いをする人＞見る人

という子どもたちの認識を変えようとしたのです。

「お笑いをする」という行動に比べて、「見る」という行動は普通の行動に見えてきます。

子どもたちだけではありません。教師でもそう感じる人は多いようです。

でも、それは違うのです。「お客様は神様です」という言葉があるように、

見る人＞お笑いをする人　または、見る人＝お笑いをする人

という認識を持たなければいけないのです。

私がしたことは、自分たちが無意識に行っていた「見る」という行動を価値づけすることによって、「見る」ことに対する意識を高めたということです。

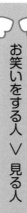

「見る」という普通の行動、つまり、

Bの行動に着目する。そして、そのことを価値づけする

のです。

私の褒め言葉をもう一度、再掲します。

「でも、それ以上に凄いのは、それを楽しそうに見ている君たちやで。」

「楽しそうに見ている」という子どもたちのプラスのリアクションを褒めています。言いかえれば、マイナスのリアクションを先生は許さないぞという宣言ととることができます。

「太一が変なことをしている。」

「またか。」

「そんなに面白くないのに、調子に乗ってるんちゃうか。」

このような反応が出ないような空気を先手を打って学級に創っていくのです。

さて、ここまでお付き合いくださったみなさんの中には、まさか、「私のクラスには、太一君のようなタイプの子はいないし、ましてや、お笑い係なんてないから関係ない」と考えてはいませんよね。

この「お笑いする人」を「授業中発表する人」に、「見る人」を「聞く人」に変えてみてください。そうなんです。このことは、すべての教育の場でも言えることなんです。発表する子ばかりにスポットがあたっていませんか？

実際に、発表する子を褒めるよりも、しっかり聞いている子を褒め続けていった方が、自分から発表する子も増えてきます。それを支えている子も認めていく。そして、そのことに価値があると伝えていく。

つまり、

Bの行動を大切にする

ということです。

勉強が苦手な子をプロデュース！

ある日の休み時間、教室で一人ぽつんと資料集を眺めている子がいました。

昌宏くんです。

この子は自分から積極的に友だちにかかわっていくことが苦手な子でした。

誘われればついていくけれど、声をかけてもらえなければ自分から遊びの輪に入っていくことはできない……そんなタイプの子どもです。

特にしたいこともなく、人見知りの人が周りの人から話しかけられないために、手元のペットボトルのラベルを読み込むかのように、次の時間の社会科で使う資料集を眺めていたのです。

そして、私は、そんな彼の様子を眺めていました。

授業が始まりました。

その冒頭、彼を指名します。

「昌宏くん、奈良の大仏を作ろうとしたのは、何天皇ですか？」

前の時間に学習した内容です。

教科書にも、資料集にも答えは書いています。

ただ、勉強が少し苦手な昌宏くん、ふいに指名されたこともあって、とまどいながら何とか答えることができました。

「は、はい。聖武天皇です。」

普通ならここで終わりです。「正解です」と告げ、次の学習活動に移るのですが、この日は、もうひと押しすることにしました。

「さすが、休み時間にも、資料集を読んでいるだけありますよね。すばらしい。」

先にも書いたとおり、別に資料集なんて見ないでもわかる基本的な問題だったのですが、あえてそんなことには触れず、あくまでも資料集を見ていたから答えることができたんだ‼という雰囲気を漂わせ、言い切りました。

私の言葉の勢いに、周りの友だちものせられたようです。

純粋な太一くんはつぶやきます。

「昌宏、すげぇやん。」

「そうやろ。長い間、先生やってるけど、休み時間にまで資料集見ている子なんて初めてやで。」

この辺は、実は、ホワイトライ（罪のないウソ）です。

そして、さらに、こう続けました。

『昌宏くんのことを、『資料集の魔術師』と認定します。」

「おーっ」と声が上がります。

このようなプラスのリアクションは大歓迎。

昌宏くんもまんざらではなさそうです。

私のこの一言で、クラスの中に「昌宏くんは、資料集の魔術師」という認識が広がったのです。

そして、昌宏くんの意識の中にも「自分は資料集を使うのが得意なんだ」という自覚が芽生えました。この自覚は、それまではどちらかといえば授業には消極的だった昌宏くんの意識も変えてくれました。

社会科の時間を中心に、意欲的に学習に取り組むようになってきたのです。
それに伴い、次第に、周りの友だちの彼を見る目も変わってきました。

このように、ある子に焦点を当てて、その子のいいところをクラスのみんなに広めていくことを、私は、

○○くんをプロデュース

と呼んでいます。

この発想がなければ、昌宏くんが休み時間に資料集を見ていることに気づいた瞬間に、

「昌宏くん、休み時間に資料集見ているなんて偉い！」

と褒めて終わっていただけだったでしょう。

褒められた昌宏くんがちょっといい気分になって終わりです。いや、もしかしたら、本人にその気もないことを褒められて、教師に対してわざとらしさを感じてしまったかもしれません。

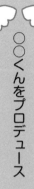

その場ですぐに褒めずに、あえて全体の場で褒めたところが1つ目のポイントです。

2つ目のポイントは、「資料集の魔術師」というようなキャッチフレーズをつけたことです。このことによって、昌宏くんのがんばりが、キャッチコピーとして定着しました。プラスのキャラづけを行ったわけです。

そして、3つめは、周りの子をうまく巻き込んだということです。昌宏くんを褒めながらも、「昌宏、すげぇやん」と素直に反応した子を認めていくのです。

ただし、一人の子だけにこだわりすぎると、逆にその子がクラスの中で浮いてしまい、逆効果になってしまうのは、このプロデュースでも同じことが言えます。

そのためには、同時に多くの子をプロデュースしていく必要があります。

プロデュースの第一歩である子どものがんばりやいいところを教師がまず見つけるためにも、子どもたちのことを普段からよく見ておかなければいけないのです。

ちなみに、キャッチコピーの例としては、「資料集の魔術師」の他に、「音読回数チャンピオン」「辞書使いプロ」「給食おかわりナンバーワン」といったものがあります。

たった一人の子どものためにこそ

「先生、隆司君がそうじを真面目にしてくれません。」

杏果さんが訴えかけてきます。

「なんで、そうじなんかせんとあかんねん。」

前の学年で、担任とうまくいかず、ほとんど学校に来ていなかった隆司くんは、何かとアドバルーンを上げてきます。

それでも、去年は学校にほとんど来ていなかったのですから、学校に来てそうじの時間にその担当場所にいるだけでも、彼にとっては凄い進歩です。

だから、私的にはそうじぐらいしなくてもいいやん……と軽くスルーしていたのですが、まじめな杏果さんにはそれが耐えられなかったのです（……と言っても、そのうち杏果さんも私の気持ちや隆司くんの思いをわかってくれるのですが)。

「わかった。注意するわ。」

その場しのぎの注意をしながら、なんか手を打たないといけないなぁと考えました。

ある日の休み時間、彼は黒板の粉受けのアルミのフレームの部分を何やら触っていました。

「何しているん?」

「いや、俺、こういうの気になるねん。」

何かと、こだわりの強い隆司くんは、そこにチョークの粉がたまっていることが気になって仕方がなかったようです。係でも日直でもないのに、たまったチョークの粉をきれいにしようとしていたのです。

そう言えば、そうじの時間、教室の担当の時も、ほうきやぞうきんをしないで、黒板のところで何かしていました。

その時、一つの考えが私の頭に閃き、彼にこう話しかけました。

「なぁ、これ、ずっとやらへんか?」

金曜日の帰りの会、私は次のような話をしました。

「ちょっと来週からしばらくそうじの場所を固定しようと思っています。まずは、それぞれの場所でその道のプロになってほしいからです。」

まだ、新しい学年が始まったばかりでしたので、意外にも私のこの提案はすんなりと受け入れられました。

それまで、1週間ごとにそうじ場所を変えていくのを、固定方式に変えたのです。

これで、1つ目の難関クリアです。

実は、もう1つ難関がありました。

隆司くんを何とか黒板そうじ担当にするということです。

でも、そこまで、私が提案するとわざとらしすぎます。隆司くんのために、そうじのシステムを変えたことがばれてしまうかもしれません。希望者が多ければ、じゃんけんになります。彼が勝つことができればいいのですが、負ければ切れてしまい、他のそうじ場所など絶対にしないだろうということは簡単に想像できました。

隆司くんが黒板そうじ担当にならなければ、システムまで変えた意味がありません。神にも祈る気持ちでした。

ところが、そんな私の気持ちを知ってか知らずか、クラスのある男の子がこう言ったのです。

「黒板は、隆司がすればいいやん。いつも黒板がんばってるし。」

隆司くんのことを思っていってくれたのか、他のそうじ場所でふざけて邪魔をされるよりはましだと思ったのか、言った本人に確かめていないので、今となってはわかりませんが、この提案に隆司くんはニコニコ。

私は、できるだけ平静を装って言いました。

「じゃあ、隆司くんは黒板担当でいいか？」

希望通りの結果。そして、隆司くんも私の期待に応えてくれました。

自作のマツイ棒のようなものまで作ってきて、そうじをしていました。

もちろん、ここで「隆司くんをプロデュース」です。

「黒板そうじのプロ」と認定しました。

このようにして、彼には、そうじをがんばっているというイメージがクラスの中に広がっていきました。今までなら、周りの友だちから文句を言われていた彼が、称賛の言葉をもらうようになってきたのです。もちろん、彼の他にも「そうじのプロ」は続々誕生しました。このことは、嬉しい副産物でした。

実は、この年まで私は、毎年、そうじの担当場所を1週間ごとに代えていました。学校でのそうじを初めて行う1年生ならともかく、高学年ではそれが当たり前のことだと思っていました。

でも、この年はその考えを改めました。

たった1人の子どものために……。

実際、1学期でそうじをがんばることを覚えた彼は、2学期になってそうじ場所が変わっても一生懸命がんばることができました。私の決断は間違っていなかったようです。

めざせ！　ポジティブ教師

一緒にいて、いい気分になる人がいます。その逆に、なぜか嫌な気分になる人もいます。

あなたは、どちらの人になりたいですか？

それは、もちろん、一緒にいて、いい気分になる人ですよね。

実は、教師には3種類の教師がいます。

Nの教師
Pの教師
Oの教師

がいるのです。

Nの教師のNは、ネガティブのNです。Pは、ポジティブのP。Oは、アウトオブエフェクトで、影響がないという意味のOです。

つまり、Nの教師というのは、ネガティブな言葉がけや聞いているとネガティブな気持ちになるような言葉がけが多い教師のことを言います。

Pの教師は、ポジティブな言葉がけや聞いているとポジィティブな気持ちになれるような言葉がけが多い教師、Oの教師とは、そのどちらでもない教師のことです。

私に、N・P・Oの概念を教えてくれた原坂さん（スーパー保育士）から、次のような話を聞いたことがあります。

遠足の帰りの駅のホームでの光景です。

公共の場である駅のホームでは、静かに待つというのが社会のルールです。

勝手にお茶を飲まないというルールをつけ加えている学校も多いです。

これらのことは、遠足に行く前に、学校でもきちんと指導はしているのですが、ついついおしゃべりを始めたり、勝手にお茶を飲んだりしてしまう子がいても不思議ではありません。

何といっても、まだ子どもです。そんなになんでもかんでも完璧にできるものではありません（大人でもできない人多いでしょ）。

問題は、教師が、その時にどのような対応をするかです。

ちなみに、原坂さんが見たNの教師の対応は次のようなものです。

「誰や！　今、お茶を飲んでいるのは！」

大勢の人の前で、いきなりこんな感じで怒鳴られたらショックです。お茶を飲むことって、そんなにいけないことですかね。

Oの教師は、こんな感じです。

「お茶を飲んではいけません。」

たんたんとしたものです。事務的で、少し冷たい感じもしますが、怒鳴られることに比べたら100倍ぐらいいましです。

では、Pの教師ならどうしたのでしょうか。

原坂さんなら、手で双眼鏡をのぞくようなそぶりをして、こう言うそうです。

「あれあれあれ？　どこかでお茶を飲んでいる子を発見しました。誰でしょうか？」

お茶を飲んでいた子は、しまったという表情をして、慌ててコップを片づけ始めます。

またその表情が可愛いのです。つられて周りの子も笑顔になります。

温かい空気がその場に流れ出すのです。

実際、Ｎの言葉がけばかりしている教師のクラスは、子どもたちの反応もＮが多くなります。とげとげしい言葉が多くなり、教室の雰囲気は、暗く冷たいものになっていきます。

その反対にＰの言葉がけが多い教師のクラスは、自然に子どもたちの反応もＰが多くなり、友だちに優しい前向きなクラスになっていきます。

やはり、めざすべきはＰの教師です。

では、どうすればＰの教師になれるのか。

すでに、自分はＰの教師だという自覚がある人もしばらくお付き合いください。

叱られて伸びる子なんていない！

まず、最初に現在の自分はどのタイプなのか診断してみましょう。

1日のうちで子どもたちを褒めることの方が多いですか？
それとも叱ることの方が多いですか？

叱ることが少なくて、褒めることの方が圧倒的に多い人は、間違いなくPの教師。
その反対に、叱ることの方が圧倒的に多い人は、Nの教師。
叱ることが少なくても、褒めることも少ない教師はOの教師。
同じように叱ることが少なくても、笑顔が少ない教師は、Nの教師。

いかがでしたか？

あなたはどのタイプの教師ですか？

ただ、もしあなたが現在Nの教師だとしても落ち込む必要はありません。

まず、現在の自分の立ち位置を確認することが大切だからです。無意識、無頓着でいる限り、絶対に変わることはできません。

まず、自分がNの教師である……という自覚を持つことが、自分を変えていくための第一歩になります。

何といっても、自分と未来は変えられるんですから。


「でも、叱ることって、必要なことじゃないんですか。」

そのような声もあります。

ただ、ちょっと待ってください。

「あなたは、叱られて伸びるタイプですか？　それとも、褒められて伸びるタイプですか？」

セミナーでこのような質問をしたことがあります。

「叱られて伸びるタイプ」という人は、ほとんどいませんでした。
多くの教師が、自分は「褒められて伸びるタイプ」だと言っていました。
つまり、教師自身も褒めてもらいたいのです。
イエス・キリストはこう言ってます。

「人にしてもらいたいと思うことは何でも、あなたがたも人にしなさい」
（『マタイによる福音書』7章12節）

孔子も同じことを言っています。

「己の欲せざるところ、他に施すことなかれ」
（『論語』巻第八衛霊公第十五 二十四）

その他にもいろいろな時代で多くの国の多くの人が同じようなことを言っているのです。
それなのに、なぜ教師は自分が叱られて伸びるタイプではないのに、クラスの子どもたちを遠慮なく叱れるのでしょうか？

ポジティブ教師になれちゃうレシピ

褒め言葉がほとんど聞こえない教室は存在します。

学校の怪談でも都市伝説でも、妖怪のせいでもありません。

原因はひとえにNの教師です。この呪いを解くためには、とにかく「褒める」という呪文が必要になってきます。

褒めて褒めて褒めまくるのです。

でも、Nの教師に限ってこう言います。

「褒めることがいいことはわかっていますが、うちのクラスの子どもたちには褒めることがありません。」

褒めるところがない？

そっちの方がありえません。

人は見たいと思ったものしか見えない。

ユリウス・カエサルの言葉です。
どんな子どもでも褒めるところは必ずあります。
例えば、隆司くんでも、「前の学年に比べて学校に来ている」という褒めることがあるのです。そして、「黒板そうじをがんばる」ということも。

褒めることがない……と思いながら子どもたちを見ても、褒めるところは見つかりません。

自分には見えていないんだ……ということを自覚することから始まります。
ただ、褒めることを探すための視点はいくつかあります。なぜ、俵原は、褒めるポイントが見えているのかというと、この白魔術を知っているからなのです。

一つ目は、

「伸びたか伸びていないか」で見る

ということです。

普通は、「学校に来ている」だけで、褒められることはありません。隆司くんは、前の学年では学校に来ることができませんでした。でも、新学期になってからは、何やかんやありながらも、学校に来ることができています。

「伸びたか伸びていないか」で言えば、明らかに伸びています。

だから、彼を褒めることができるのです。

「それでは、ずっと学校に来ている子が不公平感を感じるのではないか、その子たちはどうなるんだ」

と感じる人もいるでしょう。

本音を言えば、私は、「学校に来る」という行為は、「伸びたか伸びていないか」の視点ぬきでも褒められることだと思っているのですが、あくまでも一般的に……と言う意味で、先の文章には「普通」と書きました。不登校気味だった子どもが学校に来た時に、すごくハッピーな気分になったのですが、「あれ？　でも、他の子どもたちは毎日学校に来ているな。それなのに同じ気分にならないのは、その子たちにとって申し訳ないことだ。不公平なことだな」と自分の感性を反省したことがあるからです。

だから、先生もそう思うのなら、他の子も褒めてあげればいいのです。

ただ、私は心の中では、「いつも学校に来てくれてありがとう」とは思っていますが、それをわざわざ口に出すことはありません。

毎日、毎日「学校に来てくれてありがとう」と言えますか？　きりがないでしょ（笑）。

それに、他の子には、他の褒めるポイントもありますので、あえてこの話題でいちいち言う必要もありません。

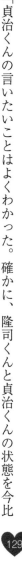

それでも、不公平だと言ってきた子がいたら、次のような話をします（実際に「学校に来ている」ということで言ってきた子はいませんが、漢字テストで60点の子を褒めて、95点の子を褒めないという状況で、「なんでなの？」と軽い感じで聞かれたことはあります。その時に答えたのが次のような感じでした）。

「貞治くんの言いたいことはよくわかった。確かに、隆司くんと貞治くんの状態を今比べたら、貞治くんの方がいい。でも、5年後や10年後を考えてごらん。隆司くんは、この調子で伸びていく。それにくらべて、君は伸びていない。このままでいけば、君はいつか隆司くんに抜かれてしまうよね。君は人生の頂点が、6年生でいいのですか?」

理屈のわかる高学年は、これで納得します(低学年は、このような質問をそもそもしてきません)。

そして、「伸びたか伸びていないか」で見ることができるようになると、Bの理論で言う「普通の行動」にも褒めるべき点がたくさんあることに気づきます。

Aの行動しか見ていないから、褒めることがないとぼやくことになるのです。

褒めるための布石を打つ

2つ目は、

ということです。「黒板そうじをがんばらせるために、そうじ当番の仕組みを変える」というのが、まさにそうです。

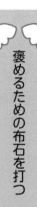

ただし、このように、それまでのシステムを変えてまで仕組むということは、そんなに頻繁に使うことはできません。

日常的には、もっと簡単な布石を打っていきます。「布石を打つ」というよりも、「ネタフリ」をするという感じです。

理科室から、磁石のセットを運んでいる時、たまたま通りかかったさくらさんに、

「ちょっと、これ運ぶの手伝ってくれる?」

と話しかけます。そして、

「ありがとう。さっと手伝ってくれるところがさくらさんのいいところだね」

と褒めるのです。

教室に置いているごみを見て、近くにいた咲希さんに、

「咲希さん、君が落としたんじゃないってわかっているけど、そのゴミ拾って、捨てておいて」

とお願いする。こう頼まれて拾わない子はいません。そこで、すかさず褒めます。さらに、

「さっき、休み時間に咲希さんがゴミを拾ってくれました。最近、教室にごみが落ちていることがあるので、気をつけてくださいね」

と、終わりの会で学級指導をしているかのように褒める。

授業中、

「姿勢がいい人がいますね」

と声をかけ、その教師の言葉に反応して、姿勢をよくした3班の子全員を褒める。

このように、

「褒めること」を前提に活動を仕組んでいく

のです。「褒めること」は創りだせます。「無から有を生む」という錬金術のような仕事を教師は行うわけです。このポイントを知ったからには、「褒めるところがない」なんて、口が裂けても言えませんよね。

決め手は、子どもへのあふれる「愛」

さて、褒め言葉が最高のPの言葉なのには間違いはないのですが、Pの言葉は褒め言葉だけではありません。

もう一度、Pの教師の定義を見てみましょう。

Pの教師は、ポジティブな言葉がけや聞いているとポジティブな気持ちになれるような言葉がけが多い教師。

こう書いています。

「ポジティブな気持ちになれるような」

つまり、褒め言葉のようなポジティブな言葉そのものでなくてもいいのです。

そのことを聞いて、ポジティブな気持ちにさえなれればいいのです。

関西では、「あほ」というのは、時には褒め言葉として使われることがあります。

「ほんま、あほやなぁ。」

親しみを込めて言われた「あほ」という言葉に、関西人はネガティブな印象は受けません。むしろ、好きな人から言われたら、ポジティブな気分で盛り上がってしまいます。ただ関西以外の人が、「あほ」と言われたら、嫌な気分しかしないはずです。

「名前を呼ばれただけでうれしい。」

「名前を呼ばれただけで、虫唾が走る。」

このように、同じ言葉でも言われる人によって、または、シチュエーションによって、ポジティブな気分にもなれば、ネガティブな気分にもなります。

卵が先か鶏が先か……の話のようになってしまうのですが、Ｐの教師から言われたら、ほとんどの言葉がＰの言葉になっていきます。

そして、その決め手は、子どもに対する「愛」なんです。

第 3 章

子どもを魅了する授業づくり・ホワイトプラン

授業は子どもとの対話。クラスのどの子も魅了する！　授業でのちょっとしたアイデアや法則を伝授します。

子どもと仲よくなれる「さかなやのおっちゃん」低学年編

私が好きな言葉に、

授業は子どもと仲よくなるための時間です

というものがあります。

教材を媒体にして、子どもたちとつながる。

子どもたち同士をつなげる。

達也くんの例なんかがその最たるものです。

ただ、そうは言っても、各教科の授業がつまらなければ、その効果も半減します。

何よりも最高の白魔術は、面白い授業です。

まずは、最近の私のお気に入りの授業を紹介します。子どもたちの活動が多い、参観日などにうってつけの授業です。2年生国語「さかなやのおっちゃん」の授業です。子どもになったつもりでお付き合いください。

黙って題名と作者を黒板に書きます。

さかなやのおっちゃん はたなか　けいいち

そして、範読。

「さかなやのおっちゃん」

音読指導の基本は、「Repeat《リピート》 after《アフター》 me《ミー》」

教師の後に続いて読ませるということです。

でも、初めてのクラスでは子どもたちの声が返ってきません。

「先生の後に続いて、読んでください。」

説明して、もう一度やり直します。

「さかなやのおっちゃん」

「さかなやのおっちゃん」

今度は、子どもたちの声が返ってきました。

でも、まだまだ小さい声です。

こういう時に、スルーして次に進んではいけません。

子どもたちが「これぐらいの声でいい」と認識してしまうからです。一度インプットしてしまったことを直すには、より大きなエネルギーが必要になり、大変です。

もう一度やり直します。こういう時には「もっと大きな声で」などの説明は不要です。

繰り返して言うだけです。

「さかなやのおっちゃん」

「さかなやのおっちゃん」

1回目よりかなり大きな声が返ってきました。でも、まだ不十分です。もう1回繰り返します。

「さかなやのおっちゃん」

「さかなやのおっちゃん」

いい声になってきました。そこで、私はおもむろに背広のポケットからトランプ大の1枚のカードを取り出しました。そのカードには、「大きく」という文字が書かれています。

私は、さっきより大きな声で題名を読みます。

「さかなやのおっちゃん」

「さかなやのおっちゃん」

大きな声が教室に響きます。

続いて、カードを取り出します。

今度のカードには、「小さく」と書かれています。そのカードを見せてまた音読。

「さかなやのおっちゃん」

「さかなやのおっちゃん」

このようにいろいろなカードを出して、音読をしていきます。

「サカナヤノオッチャン」
「サカナヤノオッチャン」

高い声で音読したり、

「さかなやのおっちゃん」
「さかなやのおっちゃん」

このように、低い声で音読したり、速く読んだり、ゆっくり読んだり、優しく読んだり、こわく読んだりしていきます。

音読カードを使いながら、音読をする際の基本的な技をいくつか練習したのです。

大きく ↕ 小さく
高く ↕ 低く
速く ↕ 遅く

後は、「間」を入れれば、これで表現読みがある程度できるようになります。

ただ単に、

「もっと大きく読みなさい」

と言っても、子どもたちにはわかりません。どれぐらいの声を出したらいいのかというイメージがつかめないからです。だから、まず教師が読んでみて、子どもたちにイメージをつかませるのです。

最後に、作者名を付け加えて、もう一度題名を読んで次に進みます。

「さかなやのおっちゃん　はたなかけいいち」

　「さかなやのおっちゃん　はたなかけいいち」

黒板に第1連の1行目を書いて、また音読。

「さあ　こうてや　こうてや」

　「さあ　こうてや　こうてや」

題名で何度も練習しているので、この辺のコール&レスポンスはばっちり。でも、念のため、もう一度繰り返します。

「さあ　こうてや　こうてや」

　「さあ　こうてや　こうてや」

続いて、1行目と同じように、2行目から一連の最後まで、1行板書をしては「Repeat《リピート》 after《アフター》 me《ミー》」で音読を続けていきます。

「てかむ　イワシやでぇ」
「てかむ　イワシやでぇ」

「おてて　かみまっせ」
「おてて　かみまっせ」

「ほんまかいな　おっちゃん」
「ほんまかいな　おっちゃん」

最後まで行ったので、題名から一連の終わりまで通して音読をします。

さかなやのおっちゃん
はたなか　けいいち

さあ　こうてや　こうてや
てかむ　イワシやでぇ

おてて　かみまっせ
ほんまかいな
おっちゃん

そして、発問。

2つに分かれます。どこで分かれますか？

教師相手の模擬授業の場合、ここで意見が分かれることはほとんどありませんが、2年生に授業をした場合、意見が分かれることもあります。ただ、その場合でも、理由を言わせてみると、決着はすぐにつきます。ここはだらだらと答えを引き延ばすところではないので、2～3人に意見を聞いた後、すぐに正答を告げました。

「真依さんの言ったとおり、前半はさかなやさんのセリフ、後半はお客さんのセリフですから、『ほんまかいな　おっちゃん』のところで分かれるんですよね。」

この後、教室を2つに分けて、「さかなやのおっちゃん」役と「お客さん」役に分かれて、音読の練習をします。

「最初は、先生がさかなやさんをするね。君たちはお客さん。」

「次は、君たちがさかなやさん。先生がお客さんです。」

「今度は、君たちだけで。1班から4班が、最初さかなやさん。5班から8班は、お客さんです。題名と作者は先生が読みます。」

「次は、先攻・後攻が逆。」

「男の子がさかなやさん、女の子がお客さん。」

「最後は、女の子がさかなやさん。男の子がお客さん。」

途中、教師は「おっ、さかなやさん元気いいね」などと声をかけて、場を盛り上げます。

面白かったのが、ラストに行った「女の子がさかなやさん」バージョン。

「ほんまかいな　おばちゃん」

と、男の子がアドリブを効かせたのです。

「うん、そういうのオッケーです。」

こういうのも認めていきます。

「では、この詩は、これで終わりだと思いますか？　続くと思いますか？」

ほとんどの子が続くと答えました。

「正解です。このようなかたまりを『連』と言います。今、みんなが読んでいたところは、第1連です。この後、第2連に続きます。」

黒板の左端に『連』と書きました。

そして、第2連も、第1連と同じように進めていきます。

「さあ　こうてや　こうてや」

　「さあ　こうてや　こうてや　こうてや」

いい感じです。

「とれとれの　　　　　　　　」

と板書したところで、チョークを止めます。期待どおりに、すかさず、

「次は、イワシやでぇ」

という声が上がりました。

「おっ、正解。何でわかったの?」

「だって、さっきもそうやったから。」

「その通り、こんな感じで同じ言葉が出てくることを『くりかえし』または『リフレイ

ン』と言います。別に覚えなくてもいいけど、ちょっとみんなで言ってみましょう。『リフレイン』。」

さっき、『連』を書いた下に『くりかえし』『リフレイン』という言葉も書き加えます。別に覚えなくてもいいと言われると、子どもたちは確実に覚えてくれます。これらの用語を覚えていると、後々国語の時間に活きてきます。

「とれとれの」の下に「イワシやでぇ」と書いて、音読。

「まだ　およぎまっせ」は、同じような感じで、さらっと流します。

「第2連の最後の言葉って、わかる？」

『リフレイン』という表現方法を知った子どもたちには簡単な問題です。

教室に大きな声が響きます。

「おっちゃん」

「正解。」

すでに多くの子に『リフレイン』とは何かが定着したようです。

「おっちゃん」の前に入る「そんな　あほな」の部分は、模擬授業であったり、時間があったりする時は考えさせてもいいのですが、この時はすぐに正答を告げました。

さあ　こうてや　こうてや
とれとれの　イワシやでぇ
まだ　およぎまっせ
そんな　あほな
おっちゃん

第2連も「さかなやのおっちゃん」と「お客さん」に分かれて、音読の練習を何回か行います。

では、この詩は、これで終わりだと思いますか？　続くと思いますか？

多くの子が続くと答えるのは、第2連の時と同じですが、違うことは理由の説明に、『リフレイン』という言葉を使う子が出てくることです。

「そうですね。第3連に続きます。では、第3連の1行目は？」

「さあ　こうてや　こうてや……です。」

このように、第3連は、最初から子どもたちに予想を聞きながら板書を進めていきます。

さあ　こうてや　こうてや
ぴんぴんの　イワシやでぇ
ぴぴんと　はねまっせ
もうやめとき
おっちゃん

もちろん、第3連も「さかなやのおっちゃん」と「お客さん」に分かれて、音読練習をします。そして、最後の発問。

「もうやめとき　おっちゃん」は、こわく読んだ方がいいですか？
それとも優しく読んだ方がいいですか？

題名を音読する時に使った音読カードを見せながら発問しました（この後の流れ、関西の子と関西以外の子では、反応が違って面白かったのですが、以下中略）。
そして、最後に全文音読。

さかなやのおっちゃん
　　　　はたなか　けいいち

さあ　こうてや　こうてや
ててかむ　イワシやでぇ
おてて　かみまっせ
ほんまかいな
おっちゃん

さあ　こうてや　こうてや
とれとれの　イワシやでぇ
まだ　およぎまっせ

そんな　あほな
おっちゃん

さあ　こうてや　こうてや
ぴんぴんの　イワシやでぇ
ぴぴんと　はねまっせ
もうやめとき
おっちゃん

ここまでに、子どもたちは何度も何度もこの詩を音読しています。

この段階で、既に覚えてしまった子も何人かいます。

「すごいね。もう覚えてしまった子がいるんだね。では、いまから黒板に書いていることを少しずつ消していくけど、大丈夫かな。」

「さかなやのおっちゃん」の板書をじょじょに消しながら繰り返して音読していきます。

最初は、「こうてや　こうてや」や「おっちゃん」のように「リフレイン」されているところから消していきます。
どんどん文字は消えていき、ラスト近くになると、次のように最初の一文字だけ残ることになります。

さ　て　お　ほ　お

そして、最後には、これらの文字も消して、何も書いていない黒板の上を教師が指示棒を動かしながら音読をして、授業を終えました。

班ごとに高める「さかなやのおっちゃん」高学年編

前項で紹介した「さかなやのおっちゃん」の授業は、低学年バージョンのものです。実は、高学年バージョンもあります。

高学年バージョンでは、班ごとに音読の仕方を考え、練習して、発表するという活動が加わります。

後半は、群読の授業になるのです。

それまでに音読を鍛えられている中学年や、5・6年生ぐらいでやるとかなり面白い発表が続きます。

男女で役割分担をしたり、一人で読むところ全員で読むところを工夫したり、アクションを入れてみたりするなどいろいろなパターンが出てきます。

発表の前には、班ごとの練習の時間があります。

この時が指導のポイントになります。

「では、今から班ごとに練習をします。時間は10分です。」

こう告げた後が勝負です。

この10分間、教師がぼおっとして過ごしていると、10分経っても何もできていない班が出てきます。10分間何もしないまま終わってしまうのです。

だから、教師は、決して休憩タイム（もしくは連絡帳を見るタイムなど）に入ってはいけません。

すべての班を机間巡指して、声かけをします。

「おっ、1班、早いね。もう役割分担が決まったんだ。」

「なるほど、タイトルはみんなで読むんだ。」

他の班にも聞こえるように、褒めていきます。

「さぁ、5班はもう実際に練習に入り始めました。」

このように早い班の経過を実況中継して、まだの班を焦らせたりもします。

さらに、3分ぐらいたった時に、もうひと押しします。

「はい、一度、練習をやめてください。1班から順番に途中経過を聞いていきます。1班、何%ぐらいできましたか？練習に入っていたら、大体30%ぐらいです。」

「30%です。」

「10%ぐらいです。」

「40%です。」

「30%です。」

「50%です。」

すべての班に聞いていきます。

「5班、早いですね。その調子です。では、練習を再開してください。」


このように、10分間の中で何回か練習をストップさせて、途中経過を聞いていきます。


こうすることによって、遅いグループにプレッシャーをかけていくのです。

7分ぐらいの時に聞いてみると、ほぼ100%という班が出てくることもあります。

そのままにしておくと、ラスト3分間、その班はすることがなくなり、集中力が切れて、遊んでしまう可能性が出てきます。

そうならないように、練習時間の途中ではあるのですが、ちょこっとだけ、例えば、タイトル部分だけ、練習成果を披露してもらいます。

そして、評価します。

「声は大きくてうまいんだけど、もう少し声がそろっているといいですね。あと3分がんばってください。」

がんばった現状を褒め、残りの時間にクリアすべき課題を告げるのです。

この教師の発言を当然他の班の子どもたちも聞いています。

残り3分の練習時間がより濃密になります。

ちなみに、この10分間は、キッチンタイマーではなく、ストップウォッチを使って測ってください。なぜかわかりますよね。わからない人は、もう一度本書を最初から読み直してください(笑)。

教師のひと手間が愛♥音読指導

「さかなやのおっちゃん」で使用した音読カードを、私は他の授業でもよく使います。

でも、国語の時間にはあまり使いません。

音読カードには、今回使った「大きく」「小さく」のような正統派のカードの他に、「ロボットのように」や「ピカチュウのように」というようなお遊び的なカードも入っているからです。

それこそ、しっとりと音読したい文学作品の時に、「宇宙人のように」のカードが当たったら、大変です。作品観も何もかも、ふっとんでしまいます。

だから、授業中、よく使うのは、算数の時間です。

定義を繰り返し読んだりする時に使うのです。

カードの指示に従って、教科書の書かれている定義を「大きな声」で読んだり、「ゆっくり」読んだり、「高い声で」読んだりするのです。

引いたカードによって、読み方が変わってくるので、子どもたちは同じ文章を何度も何度も読むことになります。読む回数が増えれば増えるほど、読んだ内容は定着していきます。

これなら、例え「バルタン星人のように」が出ても、5～6回のうちの1回ですので、気になりません。むしろ、いいアクセントになるというものです。

このように私は、音読指導を国語の時間以外にもガンガン入れていきます。

例えば、6年生の算数でも、問題を読む時は、「さかなやのおっちゃん」のように、「Repeat《リピート》 after《アフター》 me《ミー》」音読で行っていきます。

社会の授業で教科書を読む時も同様です。

決して、

「教科書48ページを、馳くん読んでください」

というような流し方はしません。

まず教師が読んで、その後に子どもたちに読ませる「Repeat《リピート》 after《アフター》 me《ミー》」音読を行うのです。

その理由は、「さかなやのおっちゃん」のところでも書きましたが、子どもたちが「これぐらいの声でいい」と認識してしまっては困るということです。

特に、6年生の社会科の教科書には、ふり仮名がふってあるとはいえ、まだ習っていない漢字も書かれています。すらすら読めなくても仕方ありません。

でも、そのことをスルーしてしまうと、教室にダラ〜ッとした空気が流れてしまいます。

かといって、「もっと大きな声で。やり直し」と、注意するのもかわいそうな話です。

注意をすれば、ダラ〜ッとした空気はなくなりますが、逆に、これから楽しく勉強していこうという空気もなくなってしまいます。

スルーしても、注意しても、教室にマイナスの影響が出てきます。

だから、そのような状況に陥らないために、社会の時間も、まず教師が範読をするのです。

何といっても、教室の雰囲気を創っていくのは、教師です。

ちょっとしたことですが、教師がひと手間かけることが大切なのです。

教室の隅々まで、教師のオーラを

「さかなやのおっちゃん」の授業記録で見えないことに、教師の立ち位置があります。
実は、私はかなりウロウロしています。
板書をしている時は、もちろん黒板の前。
ちょっと自信なさそうに発表している時は、その子のそばに行く。
逆に、自信満々で発表している時は、その子の対角線上の位置に行く。
全体で音読する時は、教室を廻りながら。
ノートに書く作業をしている時は、もちろん机間巡指。
本当に、落ち着きがありません。
そして、この落ち着きのなさは、他の授業でも同じです。

なぜ、このようにウロウロするのでしょうか。

それは、

教師のオーラを教室の隅々まで届ける

ためです。圧倒的な存在感をもっている教師や天才と呼ばれる人なら、教室の前で動かなくても、教室中にそのオーラがいきわたることでしょう。

残念ながら、私は違います。

でも、伝わらないなら、自ら動いて届ければいいのです。

教師がそばに来ることによって、子どもたちには、「先生は自分のことを見てくれている」と感じます。

しっかりがんばっている子には、そのことが安心感につながりますし、授業に飽きてちょっと手遊びでもしようかなぁと思っている子には、そのことが緊張感につながります。

教師がウロウロすることによって、「こらっ、何、手遊びしているんや」というような注意もしなくてすむのです。

また、立ち位置の他に、もう1つ意識しなければいけないことがあります。

教師の視線です。

どんな人にも癖があります。視線についても同様です。私の場合は、左の方を向いてしまうという傾向があります。左の方を向く方が楽だからです。

だから、無意識でいると教室の左側ばかり見てしまうということになります。つまり、教室の右側が死角になるのです。

当然、教師から見られていないと感じた子どもたちは、緊張感がなくなってきます。

次第に、ザワザワし始めます。

そこで、やっと教師が気づきます。

「おい、1班、うるさいぞ。」

教師がちゃんと視線を意識しておけばこんなことにはなりません。

P（ポジティブ）の教師になるためにも、立ち位置、視線を常に意識してください。

指名するにも愛がある

教師の立ち位置の他に、「さかなやのおっちゃん」の授業記録で見えないことに、子どもへの指名の仕方があります（実は、「見えない」というよりもあえて書いていないというのが正確なのですが）。

「さかなやのおっちゃん」での発問で、「2つに分かれます。どこで分かれますか？」のような、何人かに答えを聞いて次に進めるようなものは、手をあげた子を指名しています。

逆に、「『もうやめとき　おっちゃん』は、こわく読んだ方がいいですか？　それとも優しく読んだ方がいいですか」のように、多くの子の発言を聞いてみたいような発問の場合は、列指名を行っています。

また、セミナーでの模擬授業もほとんどの場合、列指名です。

自分のクラスでも4月当初は、列指名が中心でした。

何故でしょうか？


セミナーで、先生方にこのように話したことがあります。

「今、やまなしは食べられて本望かどうかを聞いた時、誰も手をあげなかったですよね。先生方ですから、皆さん自分なりの答えはもっているはずです。でも、100名以上の子の中で、進んで自分の意見を言おうというのは、かなりの覚悟がいるのです。実は、クラスの子どもたちも一緒なんですよ。」

私が、「挙手→指名」方式をあまり使わない理由もそこにあります。

それに比べて、列指名の場合、自分がいつ指名されるのかが明白です。子どもの立場に立ってみれば、心の準備、発言の準備ができるのです。

列指名は、子どもにとって優しい指名

と言えるのです。

また、教師にとっては、短時間でより多くの子に発言の機会を与えるという利点もあります。

このような理由から、指名なし討論ができるようになるまでの期間は、列指名が俵原学級の指名のスタンダードになっているのです。

と言いつつも、当然、列指名以外の指名方式も使います。

セミナーでもよく紹介しているのが、

隣の人指名

というものです。

発表をしようとしている子の隣の子を指名するのです。

「はい、それではしっかりと手をあげている関くんの隣の横井さん、関くんの意見を彼のノートを見て、発表してください」

というようなものです。あらかじめ、ノートを交換させておいた上で、指名する場合もあります。黒板に意見を書かせて、隣の席の子にそれを読ませる場合もあります。

この「隣の子指名」も、列指名と同じく、できるだけ多くの子に発言の機会を与えることが目的です。

また、子どもと子どもをつなぐという目的もあります。

授業中の教師の指名は、教師と子ども、子どもと子どもをつなげる必須アイテム

とも言えるのです。

だから、私が行わない唯一の指名方法は、「子ども同士の相互指名」です。そこには、教師の意図が反映されないからです。また、いくら指導をしていても、最終的は指名する子どものさじ加減1つですから、悲しい思いをする子が出てくる可能性が高いということも行わない理由の1つです。

愛を巡らす机間巡指

「では、ノートに自分の考えを書いてください。時間は5分です。」

さて、この後、あなたはどのような動きをしますか?

A　黒板の前で、子どもたちの動きを見つめる。
B　机間巡指を行う。

もちろん、正解はBの「机間巡指を行う」です。

授業中は教師のオーラを子どもたちに伝えるためにも、教師はウロウロしなければいけないことは、すでに述べたとおりです。特に、書く作業を指示した後は、すぐに机間巡指を行います。

決して、教師はぼうっと黒板の前に立っていてはいけません。

子どもたちの中に入っていかなければ、子どもたちの力を伸ばすことができないからです。

書く作業を指示したら机間巡指をする。

このことは、授業づくりをする上での鉄則です。

ただ、前にいなければいいというものでもありません。次のような教師の姿をたまに研究授業などで見かけることがあります。

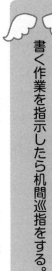

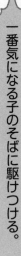

一番気になる子のそばに駆けつける。

そして、たいていの場合、その子の個別指導で5分間終了。

これは、机間巡指ではありません。「巡」していません。1人しか見ていないのですから、他の子については、放置されたままということになります。これでは、全員を伸ばすことなんてできるはずありません。

それに、毎回同じ子のところに行って、そのまま居座り続けていると、周りの子が「先生はいつも○○さんのところに行っている」という認識をもち始めます。これは、非常にまずいです。そのことが、「先生は、○○さんのことを贔屓している」というようにとられることもあるかもしれません。或いは、「○○さんは、勉強のできない子」というようなレッテル貼りにつながるかもしれません。

どちらにしても、いいことは1つもありません。

やはり、「巡」しなければいけないのです。

1か所にとどまらず動き続けて指導を行うからこそ、「机間巡指」なのです。

具体的に述べていきます。

私が行っている机間巡指の一番のポイントはこれです。

早足で行う。

イメージとしては、「待ち合わせ時間が迫っている。でも、走らなければいけないというほどではない。急げば間に合う」といった時の歩くスピードと思ってもらえば……。

えっ、余計わかりにくい？

まぁ、急いで歩いているという感じです。

私は、5分間なら机間巡指で教室を4周か5周します。つまり、5分間あれば、どの子にも確実に4～5回近づけるということです。

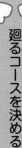

2つ目のポイントは、

廻るコースを決める

ということです。

全員を見て廻ろうという意識がないと、気になっている子のところには、何回も行っているのに、そうでない子のところには1回も行っていないということが出てきます。

だから、歩くコースを決めるのです。

そうすれば、うっかり抜ける子は出てきません。

また、子どもの立場から言えば、いつも同じコースで教師が来てくれるので、「そろそろ来てくれるな」

という心づもりもできます。列指名と同じで、次の展開がわかると、子どもたちも安心して教師のことを待つことができます。

「質問、質問」

と、あちらこちらで騒ぎ出すこともなくなります。

最後に、もう一つ大切なことがあります。

それは、机間巡指を日常的に行うということです。

1時間の授業で、少なくとも、2・3回。

5時間あれば、その5倍。6時間あれば、その6倍です。

絵心なくても、愛ある丸つけ

子どもたちは、ノートに丸をつけてもらうのが大好きです。

だから、赤ペンで普通に三重丸や五重丸をつけるだけでも、ありがたいことに、子どもたちは喜んでくれるのですが、ちょっとした工夫で、その効果はさらに倍増します。

まず、一つ目のポイントは、

評価の基準をはっきりとさせる

ということです。どんなにていねいに字を書いても、どんなにはてなをたくさん見つけても、どんなに作文を詳しく書いても、いつも判で押したように五重丸を書いていてはいけないということです。がんばっても、がんばらなくても、評価が同じでは、子どもたちのやる気はそのうちしぼんできます。

例えば、ワークを見て、1枚の絵から、はてなや気づいたことをノートに書いていく授業だとしたら、5個書いたら三重丸、10個書いたら五重丸。15個書いたらはなまるというように評価の基準をはっきりさせるということです。

この時、この基準はあらかじめ子どもたちに告げない方が盛り上がります。

「おっ、すごいね。15個書いたからはなまる」

と、その基準まで来た子が出た時点で話すのです。

すると、「じゃぁ、20個は何が来るんだ」というワクワク感が倍増します。自分が一番乗りになろうと、先陣隊の勢いもさらに増します。

これが、2つ目のポイントです。

はなまる ＋ 一言

はなまるを書く時に、一言付け加えるのです。さっきの一言で、言われた子は、次は20

個を目指そうという気になるはずです。

例えば、他にも、次のような声かけを行っています。

「すごいねぇ。15個一番乗り。」

「この意見は初めて見ます。」

「ていねいな字ですね。」

「ここの理由、もう少し詳しく教えて。」

丸をつけてもらった子だけではなく、周りの子にも聞こえるように話します。

聞いていていないように見えても、

「よし、あと1つで15個だ。2番狙えるな。」

「でも、自分のこの意見も多分他の子は書いていていないと思うな。」

「あっ、もう少していねいに書かなくっちゃ。」

「そうか、詳しく書いた方がいいのか。」

などの思いをもって聞いているはずです。丸をつけてもらった子だけでなく、周りの子のやる気にも火をつけることができるのです。

最後に3つ目のポイントです。

はなまる　＋　アルファ

「はなまる」で終わらずに、さらにプラスアルファの何かを書き込んでいくのです。
絵心がなくても大丈夫ないくつかのパターンを紹介します。
ぜひ、挑戦してください。

〈オーソドックスパターン〉

①はなまるの次は、その花に茎と葉っぱがつきます。
②そして、さらに植木鉢が加わります。
③ここまで来たら、後は蝶々の登場です。
④一匹、二匹と増えてきます。
　そのまま、永遠に増やしていってもかまいません(笑)。

〈はなまる空を飛ぶぅ〜パターン〉

①植木鉢に羽根が生えます。
②「ドーーーン！」と飛びます。
③ロケットになったはなまるから星がこぼれ落ちます。
④星の中から宇宙人が飛び出します。
⑤ロケットと反対に地面に潜っちゃうパターンもあります。

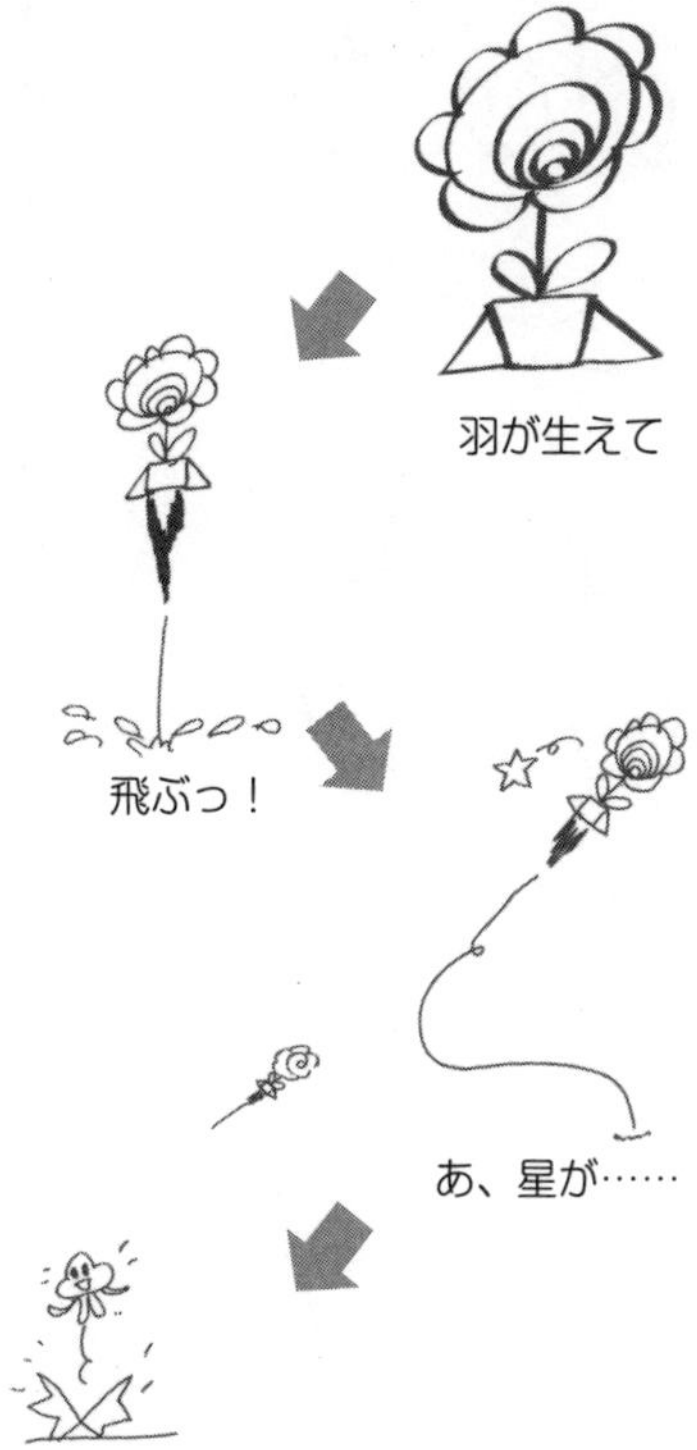

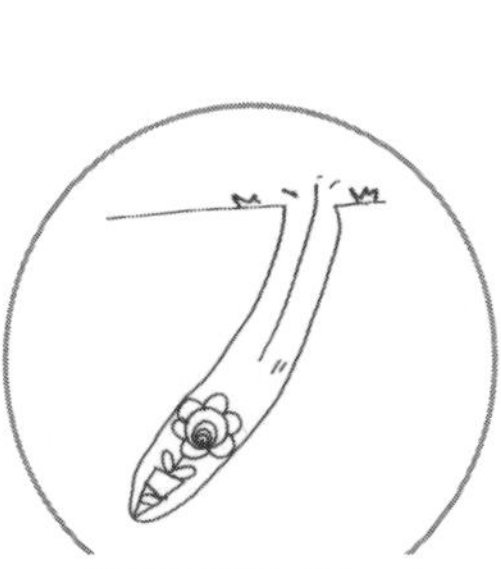
地面に潜るパターン

〈はなまるに顔を描くパターン〉

最強の呪文「ノビタカノビテイナイカ」

この本もいよいよ終わりに近づいてきました。
ここまでお付き合いくださった方のために、白魔術最強の呪文を伝授します。
この呪文を唱えれば、

あなたの子どもたちを見る目が優しくなります。
そして、子どもたちのがんばりが愛おしくなります。

まさに、「子どものことが大好きで優しい先生」になることができるのです。
しかも、それだけではありません。

クラスの子どもの友だちを見る目が優しくなります。

教師自身だけではなく、クラスの子どもたちにもその効果が波及するのです。

それでは、発表します。

白魔術最強の呪文……それは、「ノビタカノビテイナイカ」です。

つまり、「伸びたか／伸びていないか」で、子どもたちを見るということです。

教師も、そして、子どもたち自身も「できたか／できていないか」でものを見がちです。

でも、それではいけないのです。

まずは、教師が「できたか／できていないか」症候群から抜け出さなければいけません。

「できたか／できていないか」で子どもを見ていくと、「できないこと」ばかりが気になり始めます。

ちょっとしたこともスルーできなくなり、「できるようになれ！」とその場その場での結果を常に求めるようになります。

これは、子どもたちにとって非常にしんどいことです。

しかも、「できたか／できていないか」症候群にかかっている教師は、そのできないことが腹立たしくて仕方なくなるのです。

「こんなに俺はがんばって教えているのに。」

自分ではなく、できない原因を子どもたちだけに押しつけてしまいます。

当然、その教師のマイナスオーラは子どもに伝わり、子どもたちも教師に対して、マイナスオーラを出し始めます。

いいことなど少しもありません。

でも、ちょっと待ってください。

子どもたちにもそれぞれ得意不得意があります。

大人でも、苦手なものはすぐにできるようにはなりません。

いくら自称（もしくは妄想）元ジャニーズ（?!）の私でも、

「明日までにバク転をできるようになれ」

と言われて、すぐにできるようにはならないのです。

自分を顧みれば、よくわかります。「明日までにバク転」的なことを常に子どもたちに求めることの無茶さが少しはわかってくるはずです。

だから、「伸びたか／伸びていないか」で、子どもたちを見るのです。

「できたか／できていないか」の場合、いくらがんばってもできないことがあります。

でも、「伸びたか／伸びていないか」の場合は、そうではありません。

本人さえやる気になればいいのです。それまでの経験値も能力差も関係ありません。

「百田くんの漢字テストは、60点だったけど、4月は10点だった。5年生になって、漢字の練習をすごくがんばっている。この調子だ」

という評価をすることができるのです。

これが、「できたか／できていないか」で見てしまうと、

「百田くんの漢字のテストは、60点。合格点は80点。何をやっているんだ。もっとがんばらないとダメだ」

という評価になってしまいます。

どちらの方が、子どもにとって優しい教師ですか？

どちらの方が、子どもはやる気が出ますか？

その結果伸びていくのは、どちらの評価をされた子どもですか？

言うまでもありません。

大事なことなので、繰り返します。

伸びたか／伸びていないかで子どもを見てください。

私は、4月当初、子どもたちだけでなく、保護者にも、学年の先生にも、管理職にも「私は『伸びたか／伸びていないか』で子どもたちを見ていきます」という宣言をします。

もちろん、宣言した4月当初だけでなく、年間を通じて、全領域を通じて、この言葉を具現化していくのです。

そのうち、次のような発言をする子が出てきます。

「自分は90点だったけど、60点だった百田くんの方がすごい。」

本気でそう思うようになります。

友だちのがんばりを認められる子が育ってきます。

クラスの中に優しい温かい雰囲気が広がっていくのです。

また、目先の「できたか／できていないか」にこだわることもなくなってきますので、「この調子でがんばれば、いつかできるようになる」と、余裕をもって、子どもたちに接することもできるようになるのです。

多少のことはスルーできるようになるので、教師もイライラしません。いつも笑顔の教師でいることができるのです。

ますますクラスの雰囲気が優しく温かいものになっていきます。

そして、その結果、子どもたちの力は伸びていきます。

エピローグ

世界はそれを愛と呼ぶんだぜ

ここまで読み進めてくださった先生方は，子どもたちへの愛に満ちている！
学び高まりたい気持ちこそが愛！

教師とラーメン屋、どこが似ている？

そうめんと冷麦。
ブロッコリーとカリフラワー。
ワンピースとフェアリーテイル（両方アニメです）。
世の中には、似ているものがたくさんあります。
そして、私が昔から似ているなぁと思っているものに、

教師とラーメン屋

というものがあります。

一見似ているようには見えません。

でも、やっぱり似ているのです。

私は、実習生をもつと必ずこの話をします。


教師とラーメン屋は、似ていることがたくさんあります。

まず、一つ目が、新装開店の時にはとりあえずお客さんがやってくるということです。

近所に新しいラーメン屋ができたと聞けば、とりあえず行ってみようかなという気になりますよね。

新任の先生も一緒です。

保護者の中には「若い先生は不安だわ」と思われる方もいるでしょうが、子どもたちからは大歓迎されるはずです。何といっても、子どもたちは一緒に遊んでくれる先生が大好きです。

でも、その人気がいつまでも続くと思っていてはいけません。

結局最後にものを言うのは、実力だからです。

最初のうちは目新しさでお客を呼ぶことができても、やはりラーメンがおいしくなければいくら店の内装がお洒落だとしても、そのうちお客は離れていきます。おしゃれとは無縁の古くさい外観のラーメン屋でも味がよければ、お客は並んでも食べようとします。

教師も同じです。

クラスが楽しくなければ、授業が面白くなければ、子どもたちは離れていくのです。

だからこそ、教師は学び続けなければいけないのです。

教師修業は、果てしがなく。

向山洋一先生の名言です。

学ぶあなたが持っているもの、それが愛

さてさて、「教師とラーメン屋」似ているところはまだあります。

一流のラーメン屋は素材にこだわります。

スープの出汁、醤油、油、チャーシュー、そして麵。

研究に研究を重ね、納得の一杯を作るためにかけた情熱、時間は、そうとうなものです。

いやらしい話ですが、そのためのお金もけっこうかかったはずです。

でも、ラーメン代って、あまりおいしくないラーメン屋の10倍おいしいラーメンだとしても、値段も10倍の1万円ということはありませんよね。

教師の世界は、もっと顕著です。

1時間の授業を創るため、教材研究のために現地まで行き、時間をかけて取材を行い、

先行文献を調べて、自分のアイデアを練りこんで授業を創っても、授業の前に指導書をちらっと眺めてそれなりの授業をしても、もらえる給料は同じです。

コストパフォーマンスなど考えたら、やってられません。

でも、やってしまいます。

なぜでしょうか？

「おいしいラーメンを作りたいから。」

「お客さんの笑顔を見たいから。」

「楽しいクラスを創りたいから。」

「子どもたちの笑顔を見たいから。」

お金ではないのです。

では、何が彼らや彼女らを動かしているのでしょうか？

彼らや彼女らを動かしているもの、それは……。


世界は、それを愛と呼んでいるのです。

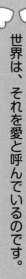

笑顔こそが愛の始まり

Let us always meet each other with smile, for the smile is the beginning of love.

――いつもお互いに笑顔で会うことにしましょう。笑顔は愛の始まりですから。

マザーテレサの言葉です。

教師と子どもたちがいつも笑顔で出会うことができるそんな愛に満ち溢れたクラスを創りたいものです。

そのためには、まず教師が笑顔にならなければいけません。

でも、教師も人間ですから、どうしても笑顔になれない日もあるかもしれません。

人生、楽しいことばかりではありません。

悲しい時やつらい時もありますよね。

でも、あなたは今教師という職業に就いています。

教師という職業に就いた時、うれしかったでしょ。ハッピーだったでしょ。

たとえ今、この瞬間は悲しいことやつらいことがあったとしても、教師という職業に就いているあなたは結構幸せな人生を送っているんですよ。

ちょっと長い目で自分をメタ認知できるようになると、もっと気持ちは軽くなります。

私の座右の銘に、

ゴールは、ハッピーエンドに決まっている！

という言葉があります。たとえ、今がつらくても、最後にハッピーエンドが待っていると思えば、笑顔でがんばれると思いませんか。「笑う門には、福来る」です。

【著者紹介】

俵原　正仁（たわらはら　まさひと）
1963年，兵庫県生まれ。
通称“たわせん”と呼ばれている。
兵庫教育大学を卒業後，兵庫県の公立小学校教諭として勤務。

「笑顔の教師が笑顔の子どもを育てる」という『笑育』なるコンセプトによるユニークな実践は，朝日新聞，朝日放送「おはよう朝日です」などマスコミにも取り上げられた。教育雑誌に執筆多数。教材・授業開発研究所「笑育部会」代表。

博愛―ホワイト学級づくり
正攻法で理想に向かう！クラス担任術

2016年2月初版第1刷刊 ©著　者　俵　原　正　仁
発行者　藤　原　光　政
発行所　明治図書出版株式会社
http://www.meijitosho.co.jp
（企画）佐藤智恵（校正）川村千晶
〒114-0023　東京都北区滝野川7-46-1
振替00160-5-151318　電話03（5907）6703
ご注文窓口　電話03（5907）6668

＊検印省略　組版所　株式会社アイデスク

Printed in Japan　ISBN978-4-18-210717-7